本书受国家自然科学基金委面上项目"基于风险行为视
发投入的影响研究(71472151)"和中国博士后基金项
业创新(2014M552472)"的共同资助

经济管理学术文库·管理类

高管之间薪酬差距
与企业研发投入

Pay Dispersion between executives
and Corporate R&D

康 华 张 颖／著

经济管理出版社
ECONOMY & MANAGEMENT PUBLISHING HOUSE

图书在版编目（CIP）数据

高管之间薪酬差距与企业研发投入/康华，张颖著. —北京：经济管理出版社，2020.4
ISBN 978-7-5096-7178-8

Ⅰ.①高…　Ⅱ.①康…　②张…　Ⅲ.①企业管理—工资差额—关系—企业—技术开发—
研究—中国　Ⅳ.①F279.23

中国版本图书馆 CIP 数据核字（2020）第 097774 号

组稿编辑：杨国强
责任编辑：杨国强　张瑞军
责任印制：黄章平
责任校对：张晓燕

出版发行：经济管理出版社
　　　　　（北京市海淀区北蜂窝 8 号中雅大厦 A 座 11 层　100038）
网　　址：www. E-mp. com. cn
电　　话：（010）51915602
印　　刷：北京玺诚印务有限公司
经　　销：新华书店
开　　本：720mm×1000mm/16
印　　张：14.75
字　　数：201 千字
版　　次：2020 年 6 月第 1 版　2020 年 6 月第 1 次印刷
书　　号：ISBN 978-7-5096-7178-8
定　　价：88.00 元

前言

时间已来到 21 世纪的第二个十年末，中国的经济仍以令人羡慕的速度继续增长，中国企业的力量也已经被世界认可并重视。但与此同时，中国企业自身发展中存在的"先天不足"的问题也日益凸显，特别是"先天创新能力不足"这一痼疾已经成为我国社会各界共同关注的问题。

因为企业创新能力的培育并非是一蹴而就的事情，所以我们首先需要清楚地认识到在诸多社会因素中哪些因素会影响到企业创新能力的培养和提高。只有解决这一理论认知问题，我们才能制定出"对症下药"的措施和政策，从而增加我国企业的研发投入，进而提升企业的创新能力。在现有的理论研究和分析中，如何有效激励高管、协调股东与高管之间的利益诉求是提高企业研发投入和企业创新能力的关键环节。传统的委托—代理理论认为，像高管期权计划这样基于绝对业绩的激励措施具有十分显著的远期财富效应，可以缓解高管与股东的利益分歧，促进企业研发活动的开展。但实际上，研发活动的特点决定了其需要"长远定位、容忍短期失败和保证高管职位安全"的激励机制，而像高管期权计划这样的措施并不具备上述特点，故而并不适用于激励企业的研发活动。加之，我国资本市场发展相对滞后，高管期权计划虽然启动较早，但实际上搁置多年，虽然近年来有所恢复，但真正推行高管期权计划的企业数量较少。其中，国有企业又因为所有权性质和现行管理制度的桎梏而很少采用像高管期权计划这样的激励措施。因此，对我国企业创新而言，高管期权计划并非一项合适且便于普及的激励措施。在适用性和普及性都不佳的背景下，如何有效地激励高管增加研发投入、提高企业创新能力就成为当前我们面临的一个十分现实且重要的问题。

作为康华副教授主持的中国博士后基金"高管晋升激励、风险偏好与企业创新"（2014M552472）和国家自然科学基金"基于风险行为视角的高管晋升激励对企业研发投入的影响"（71472151）的阶段性研究成果之一，本书基于企业现行的金字塔式组织结构，尝试从高管级差式报酬体系所造成的薪酬差距这一现状出发分析高管之间薪酬差距对企业研发投入的影响，在此基础上进一步分析了企业规模、产权性质、超额控制权等企业特征和经营风险、市场化程度等外部环境对企业高管之间薪酬差距与企业研发投入两者之间关系的影响。研究结果显示，我国企业高管十分关注垂直薪酬差距的公平性，薪酬不公会引起高管的自利行为和短期行为；同时，不同的组织情境下薪酬不公问题所产生的影响也有所不同。这一结果证明了之前有关社会文化背景对高管之间薪酬差距激励效应具有差异化影响的研究结论。更为重要的是，本书创新性地将企业组织结构、薪酬制度与公司治理相结合，揭示了现行组织结构所具有的公司治理功能，以及这一治理功能可能对企业经营决策的影响，丰富了高管激励理论的内容和观点，推动了有关公司治理理论研究的进展，也加深了社会各界对我国企业实践的认识和理解。

　　总而言之，企业实践日新月异，学术界对企业实践的认识和理解也需要与时俱进。但同时，学术界也需要保持创新思维和批判思维，对习以为常的企业实践进行反思和再认识，唯此才能真正掌握和理解企业"黑匣子"的运行机制和实际影响。

　　本书由康华和张颖合著，具体分工如下：第 1、2、4 章由康华完成，第 3、5、6 章由张颖完成。受作者的水平所限，书中难免存在错误，欢迎读者与同人指正！

目　录

1

绪　论

　　我国企业普遍研发投入水平较低、自主创新能力较差，虽然政府陆续出台了多项政策和措施，但并未从根本上改变这一现象。现有研究认为，企业研发投入所具有的"高风险和长周期"的特征会引起股东和管理层的利益分歧，形成十分明显的PA（Principal-Agent）代理问题。为了缓解这一代理问题，股东往往采取各种激励措施来协调和统一委托人和代理人的利益诉求。不过，最新研究发现，传统的基于绝对业绩的高管激励措施并不适用于企业研发投入，所以本书从高管激励的视角出发，分析和研究高管之间薪酬差距对企业研发投入的影响，这一问题的主要现实和理论背景如下所述。

1.1　现实背景

1.1.1　研发投入的"剪刀差"

自 2006 年，我国提出"建设创新型国家"以来，我国不断加大研发投入，全社会的研发投入强度逐年提高。据科技部的统计数据显示，我国 R&D 经费投入强度（R&D 经费与国内生产总值 GDP 之比）从 2006 年的 1.42% 提高到 2017 年的 2.15%，R&D 经费规模也从 3000 亿元提高到 1.76 万亿元。虽然与以色列（4.25%）、韩国（4.23%）、日本（3.49%）等创新型国家相比还有很大差距，但我国全社会研发投入强度已达到中等发达国家水平。据科技部统计，与同年经合组织（OECO）35 个成员国 R&D 经费投入强度相比，2016 年我国当年 R&D 经费投入强度为 2.11%，介于第 12 位的法国（2.25%）和第 13 位冰岛（2.10%）之间。随着我国政府对研发活动的投入不断增加，我国在载人航天、深海技术、移动通信、高铁装备等重大基础领域和工程领域的技术水平和创新能力得到了显著的提升，整个国家的科技竞争力和创新能力得到了显著的提升。

但与此同时，企业层面上的技术水平和创新能力仍相对薄弱。改革开放 30 年，我国企业发展重"量"不重"质"，在技术研发和创新领域主要是模仿而很少有原创。特别是在 2018 年"中美贸易战"发生以后，中兴事件和华为事件连续凸显了我国企业层面技术积累薄弱、创新能力受制于人的这一问题。科技部公布的《我国规模以上工业企业 R&D 活动统计分析》披露：2017 年，我国开展 R&D 活动的规模以上工业企业共 10.2 万个，占全部规模以上工业企业的 27.4%；拥有研发机构的规模以上工业企业共 7.1 万个，占全部规模以上工业企业的 19.0%；规模以上工业企业的 R&D 经费投入达到 12013.0 亿元，R&D 经费投入强度为 1.06%。由此可见，我国规模以上工业企业的研发活动仍不普及，创新能力比较滞后。特别是与我国全社会研发投入强度相比，我国规模以上工业企业的研发投入强度一直低于全社会研发投入强度，并由此形成了我国特有的研发投入"剪刀差"现象，如图1-1所示。且这一"剪刀差"现象已经存在很长时间。

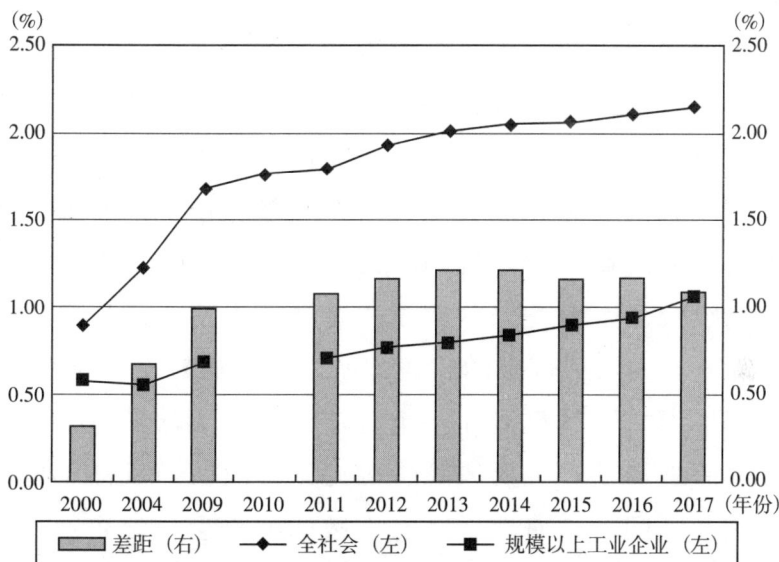

图1-1 我国全社会研发投入强度与规模以上工业企业研发投入强度的差别

针对我国企业自主创新能力滞后的现状，我国政府曾多次出台相关政策和措施。但是，在国家政策支持和投入不断加大的背景下，我国企业的自主创新和研发活动并没有显著改善，这可能是由研发活动本身的特点和我国企业现状双重因素造成的。

与其他经营活动相比，研发活动具有以下几个方面的特点：①风险高。研发活动往往是在某一专业领域从事最新、最前沿的探索和研究，是对现有技术、工艺等的突破，而这种创新和突破往往蕴含着巨大的不确定性，这种不确定性就意味着企业研发活动失败的可能性很大，导致企业面临较高的风险。②周期长，投入大。由于研发活动是对现有技术、工艺的改变和突破，因此需要进行长时间的、持续的投入才有可能实现这一目的，而随着周期的拉长，研发活动的投入必然增加，由此导致研发活动的投入规模较大，时间较长。③研发投入费用化影响当期业绩。按照目前的会计政策，企业可以根据研发投入的情况自行决定费用化和资本化，多数情况下企业都会将当期的研发投入进行费用化会计处理，这一会计处理方式会直接影响到当期会计盈利水平。当然，由于研发活动风险高、周期长、投入大，因此成功的研发活动也会给企业带来巨大的收益，能够显著提高企业的竞争力和盈利能力。所以，对于股东而言，其可以通过投资多个企业来分散单一企业研发活动的风险，同时享受研发活动成功后带来的收益，所以股东比较支持研发活动。而对管理层而言，其只能在一个企业工作，无法通过多元化投资来分散研发活动产生的风险，因此管理层对研发活动的积极性相对较低。同时，研发活动易失败的特点会导致企业经营业绩出现恶化，并由此会影响到从事研发活动的高管的职位安全，加之研发投入的费用化会计处理方式会直接减少企业当期的会计盈余，这都加剧了高管对研发活动的排斥。总之，研发活动会加重股东和管理层的代理问题，有效解决研发活动中的代理问题成为提高企业创新能力的关键。

1.1.2　不断扩大的企业内部薪酬差距

为了提高企业管理层的工作积极性，我国普遍开展了企业管理层的薪酬改革，由此也拉开了我国企业高管涨薪的序幕。据有关数据显示，与原来计划体制下相比，企业内部高管与员工的薪酬差距明显拉大：原来差距在1~5倍之内的企业占比从74.99%下降到52.39%，而差距在8倍以上的占比由原来的不到10%增长到24.53%。特别是国有企业，其高管与员工薪酬差距的增幅更显著。2002 年，相关政策规定国有企业高管与员工的薪酬差距最大范围为 12 倍，2005 年这一规定又变为 15 倍。2008 年财政部出台的《国有企业负责人薪酬管理办法》和 2009 年国务院六部委出台的《关于进一步规范中央企业负责人薪酬管理的指导意见》进一步规定了国有企业高管与员工的薪酬差距的最大范围。伴随着相关政策的不断出台，国有企业内部高管与员工的薪酬差距并未得到有效控制，高管薪酬反而犹如脱缰野马不受控制，高管与员工的薪酬差距不断扩大。据 2010 年全国总工会的收入专项调查显示，国企高管与一线职工收入相差 18 倍，其中 2 成的员工三年之内没有涨薪。国内相关研究的数据也显示，我国企业内部高管与员工的薪酬差距水平呈现出不断扩大的趋势，如图 1-2 所示，内部薪酬差距已经成为企业中普遍存在的现象。

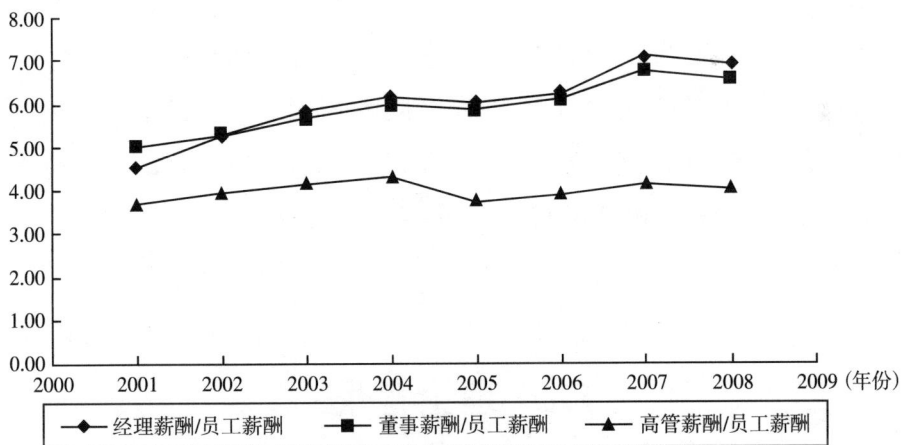

图 1-2 2000~2009 年中国上市公司高管薪酬与员工薪酬差距趋势（中位数）

虽然相关政策并未明确约束和控制企业内部高管之间的薪酬差距水平，但是由于高管与员工的薪酬差距水平本质上代表的是企业内部薪酬差距体系的最大范围，故而相关政策实质上也约束了企业内部高管之间的薪酬差距水平。但不论是高管与员工的薪酬差距水平，还是高管之间的薪酬差距水平，两者在过去的很长时间内都保持了较快的增长。据德勤发布的《2018~2019年度中国A股上市公司高管薪酬与长期激励调研报告》的统计，2018年我国上市公司全行业高管之间薪酬差距系数区间（高管间薪酬差距系数＝高管最高薪酬/该公司最低副总薪酬）为2.88~7.35，较2017年的水平有所提高（2017年高关键薪酬差距系数为1.81~6.76）。企业内部薪酬差距不断扩大的主要原因是CEO的薪酬保持了较快的增长。该报告还显示，2018年我国A股公司首席执行官（CEO）薪酬均值达到128万元，CEO的薪酬整体呈现上涨态势。

必须指出的是，随着我国市场经济的建立和相关机制的完善，高管之间薪酬差距这一现象的存在具有一定的必然性，这是市场经济竞争的结果。但任何社会都必须同时面对效率和公平问题，特别是当企业高管之间薪酬差距可能会引起一系列负面问题时，合理客观地评价高管之间薪酬差距、正确看待高管之间薪酬差距的形成和影响是促进我国经济改革深化的重要环节，也是维护社会和谐稳定的重要方面。

1.2 理论背景

近年来，公司治理及其相关领域的研究都有不同的进展，这些理论研究的完善和发展为本书研究奠定了必要的基础。与本书研究有关的主要理论进展和理论基础包括以下几个方面：

1.2.1 激励理论的最新研究进展

如前所述，委托代理理论发现企业中普遍存在着股东与管理层的代理问题，也就是第Ⅰ类代理问题。委托代理理论认为第Ⅰ类代理问题的出现主要是因为股东和管理层的利益不一致，因此股东往往采用各种激励措施来协调管理层的利益诉求，从而减少两者之间的利益不一致和代理成本，使得管理层能够更好地实现股东财富最大化这一目标。基于这一理论和观点，国内外企业采取了多种形式的激励措施，其中以基于绝对业绩指标的各类激励措施最为普遍，如高管持股计划、股票期权和限制性股票等。于是，高管激励问题成为国内外公司治理领域研究的核心命题。

传统的研究普遍认为，基于绝对业绩指标的高管激励措施可以有效解决第Ⅰ类代理问题，因为该措施具有利益协调效应（Delta）和风险激励效应（Vega），能够协调高管与股东在长短期利益诉求上的差异，同时激励措施所具有的远期财富效应也能够提高高管的风险偏好，从而增加高管的风险行为。但最新的研究发现，基于绝对业绩的高管激励措施虽然具有利益协调效应和风险激励效应，能够缓解第Ⅰ类代理问题。但是，该激励措施并不具有"容忍失败和保证高管职位安全"的特点，并不能推动像企业研发投入这样的冒险行为。

与此同时，高管之间薪酬差距的相关研究逐渐发现，高管之间薪酬差距所代表的企业内部晋升制度具有"长期定位、容忍失败和保证职位安全"的特点，同时高管之间薪酬差距又具有显著的风险激励效应。国外的相关研究认为，高管之间薪酬差距能够显著促进企业开展研发活动。不过，高管之间薪酬差距的实际影响存在着典型的文化差异和主体差异。也就是说，在不同社会文化背景下高管之间薪酬差距的实际影响有所不同；对于不同主体来说，高管之间薪酬差距的实际效果也有所不同。

与西方基督教崇尚"个人主义"不同，我国的儒家文化崇尚"集体主义"。在现实中，我们东方文化"重集体，轻个人"，关注个人对集体的贡献和作用，企业也就更多地强调集体利益而忽视个人利益，并衍生出了"不患寡而患不均"的平均主义社会思想。在这一社会思想或社会文化的影响下，我国社会历来比较否定和排斥行业之间、企业之间、企业内部的薪酬差距。特别是在我国改革开放之前，"大锅饭"的传统分配制度也强化了人们对"不患寡而患不均"思想的认同。因此，可以说，"不患寡而患不均"的思想在我国源远流长、影响深远。改革开放后，虽然实行了"按劳分配"的收入制度，但现代社会对于"效率 vs 公平"的讨论仍会让全社会更容易否定和排斥收入差距不断扩大的这一现实情况。在这样相对复杂且矛盾的社会文化背景下，高管之间薪酬差距对于缓解第Ⅰ类代理问题，有效促进符合股东利益诉求的企业经营活动的开展来讲，是一个十分重要但有待解决的理论问题。

1.2.2　研发活动决定因素的研究进展

技术创新是经济发展的根本动力，也是企业获取持久竞争力的源头。因此，实务界和学术界都十分重视培养创新能力和促进企业技术创新。与发达国家不同，我国社会发展具有"转型经济+新兴市场"的双重特点，这一客观现实使我国企业研发活动和技术创新面临着与发达国家完全不同的劣势。特别是在转型过程中，知识产权保护等相关制度尚未建立，企业研发和创新所面临的约束条件也比较多。在这样的不太理想的环境下，如何有效推动和促进企业研发或创新是一个新兴的且具有重大意义的研究命题。

对于我国这样的后发大国而言，有效提升企业研发和创新能力更具有重要性和战略意义，因此国内学者从不同角度分析了影响企业研发活动和创新能力的主要因素，并获得了一些研究结论和成果。总体来讲，我国有关研发活动决定因素的相关研究具有以下几个方面的特点：第一，研究数量相对丰富。国内有关研发活动（投资）决定因素的相关研究文献数量近年来不断增加，特别是在国内重要管理学期刊上发表的研究文献数量不断增加。因此就研究数量来说，国内研发活动影响因素的研究虽落后于国外，但相较于之前，我国有关研发投入决定因素的研究已经成为企业战略和企业创新领域的主要内容，研究数量和研究成果常见于各类学术期刊。第二，研究内容和研究视角不断拓宽。在参考国外研究的基础上，国内学者首先分析了企业特征层面（如企业规模、负债水平、地理位置、盈利情况等）、高管团队（TMT）层面、公司治理机制（如股权集中度、股权性质、董事会特征）、国家政策层面（政府补助、税收优惠）对研发投入的影响，之后围绕我国特有的制度环境（政府干预、市场经济力量、政治关联）分析其对企业研发投入的影响。现有研究已经逐渐开始基于我国现有的组织情景分析企业研发投入的决定因素这一问题。在取得上述进展的同时，我国有关企业研发投入决定因素的相关研究也存在着一个明显的不足，普遍性、结论性研究成果较少。不少现有研究探讨和分析了企业内外部的诸多因素对企业研发投入的影响，但同一主题相关研究的结论却存在十分明显的分歧和差异。我国有关研发投入或创新行为决定因素的研究很少获得统一性、共识性的研究结果。

针对上述国内研究的不足，本书计划从第Ⅰ类代理问题的视角出发，着眼于高管之间薪酬差距的风险激励效应，探讨和分析企业内部高管之间薪酬差距对企业研发投入的影响。在此基础上，进一步分析不同组织情境下高管之间薪酬差距对企业研发投入影响可能发生的变化。通过上述研究和分析，本书试图全面、系统、完整地揭示出高管之间薪酬差距对企业研发投入的实际影响和作用机理，从而完善激励理论的相关研究内容，丰富对企业研发投入决定因素的认识和理解。

1.3　研究问题的提出

1.3.1　研究问题的提出

代理理论认为，随着所有权与经营权的分离，现代企业中最主要的问题是股东与管理层之间的代理问题，特别是对于股东而言，要想实现自身利益最大化，必须关注股东和管理层这一核心代理问题。就企业研发投入而言，股东因为其自身的多元化投资而希望增加研发投入以期未来获得更为丰厚的收益，而高管则因为财富集中于所供职的企业并产生财富捆绑效应而拒绝和排斥高风险的研发活动。于是，国内外学者开始探讨如何才能有效地协调股东和管理层的长短期利益诉求矛盾，实现股东财富最大化。

最初学术界发现，高管股票期权计划通过赠与高管部分股票期权可以增加高管的预期财富收益，从而减少高管对高风险研发活动的排斥并缓解高管与股东在研发投入上的分歧，由此高管股票期权计划可以有效促进企业研发投入的增加。之后，类似的高管激励计划（如限制性股票和高管持股计划）都可以实现这一效果。由此，传统的理论研究认为，基于绝对业绩指标的这类高管激励计划可以缓解第Ⅰ类代理问题，从而能够加大企业的研发投入。但直到最近，这一观点受到挑战。一些学者研究发现，像高管股票期权这类激励措施并不能从根本上解决研发活动中存在的代理问题，所以高管股票期权等类似的激励措施并不能真正地增加企业研发投入。

与此同时，因为相关制度的不完备，我国企业很少采用像高管股票期权计划、高管限制性股票计划和高管持股计划这样的激励措施。虽然自2016年以来，随着相关制度的改进和完善，我国采用高管期权激励计划的上市公司数量在不断增加，但其占比仍旧相对较低。据德勤《2018~2019年度中国A股上市公司高管薪酬与长期激励调研报告》统计，2018年我国3000多家上市公司中，仅有少数几家上市公司实施了高管期权激励计划。考虑到我国股市的波动性，大部分上市公司发布了高管期权激励计划但并未真正执行。而且，受制于体制原因，国有企业实施高管期权计划等类似激励措施的数量更是少之又少。所以，像高管期权计划这样的显性高管激励计划在我国并未大面积普及和推广。基于高管期权计划自身的缺陷及其在国内尚未普及的现状，对我国而言，如何有效激励高管支持企业研发活动就成为一个比较困难的问题。

前述文献不仅指出了高管期权计划等显性激励措施不足之

处，还指出企业研发活动需要"长期视野、容忍失败和保证高管职位安全"这样的激励措施。与此同时，另一些学者研究发现，企业金字塔式科层结构的高管团队内部薪酬差距具有显著的风险激励效应，这种内部薪酬差距所代表的内部晋升激励具备了"长期视野、容忍失败和保证高管职位安全"这样的特征，国外学者因此发现 CEO 与 VP 级高管的薪酬差距能够显著促进企业研发投入。鉴于我国企业内部同样存在着金字塔式的科层结构和级差式的高管薪酬体系，而且高管之间薪酬差距的实际影响存在明显的文化背景差异和主体差异，那么我国企业高管之间薪酬差距会对企业研发投入产生何种影响？具体而言，在我国现有的社会文化背景下，高管之间薪酬差距会对企业研发投入具体产生何种影响？在不同的情境下高管之间薪酬差距对企业研发投入的影响是否有所不同？这些问题都有待于进一步研究和分析。

在理论和实证分析的基础上，本书从第Ⅰ类委托—代理问题的视角出发，以高管之间薪酬差距的风险激励效应为前提，结合我国现有的社会文化背景尝试分析和探讨高管之间薪酬差距与企业研发投入之间的关系，以及在不同的组织情境下两者关系可能发生的变化。具体而言，本书研究的问题主要是：

（1）我国企业高管之间薪酬差距是否会显著影响企业研发投入？具体的影响是什么？

（2）我国企业高管之间薪酬差距对企业研发投入的影响是否会随着企业规模的改变而有所变化？具体的变化又是什么？

（3）我国企业高管之间薪酬差距对企业研发投入的影响是否会随着产权性质的不同而有所不同？具体的变化又是什么？

（4）我国企业高管之间薪酬差距对企业研发投入的影响是

否会随着超额控制权程度的不同而有所不同？具体的变化又是什么？

（5）我国企业高管之间薪酬差距对企业研发投入的影响是否会随着企业经营风险的改变而有所变化？具体的变化又是什么？

（6）我国企业高管之间薪酬差距对企业研发投入的影响是否会随着市场化程度的改变而有所变化？具体的变化又是什么？

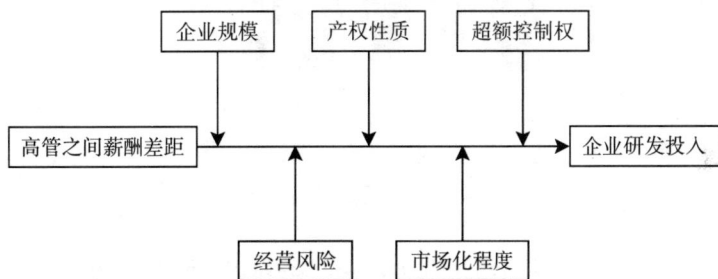

图 1-3 本书的理论框架

1.3.2 关键概念的界定

根据上述的研究内容和主要命题，本书中所涉及的主要概念和关键变量如下：

1.3.2.1 高管之间薪酬差距

高管之间薪酬差距是指高管团队内不同科层的高管之间形成的薪酬级差。职位越低，相应的岗位报酬也就越低。而且，现有职位和报酬不会产生边际激励效应，所以高管之间薪酬差距主要是为了激励职位和收入较低的高管。换言之，高管之间薪酬差距无法激励位于科层顶端的 CEO 级高管（总经理级），只能激励 VP 级高管（副总经理级）和 Non-VP 级高管（除 CEO 和 VP 级高管以外的其他普通高管）。

根据社会比较的参照点选择理论，个体在评价报酬满意度

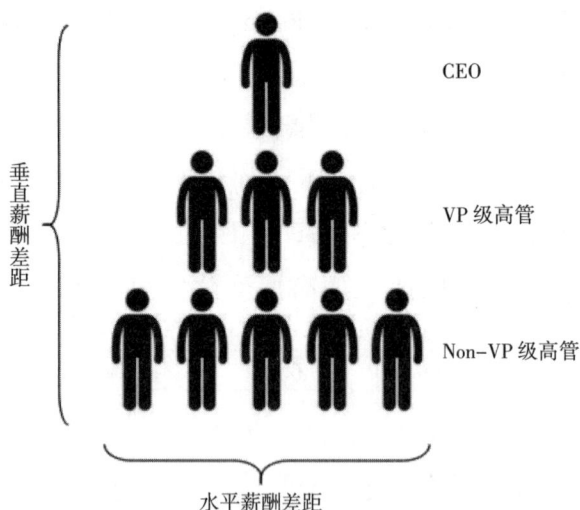

图 1-4　高管团队内部薪酬差距

时会选择不同的主体作为参照点。薪酬参照对象的选择会综合考虑信息可获取性和参照对象的相似性。信息越容易获取（接触越频繁）、参考对象越相似（工作内容越相近），被选为参照对象的概率越大。因此个人薪酬的社会比较对象主要包括自身、组织内的同事和组织外相同岗位的人。在社会比较中，上行比较更为普遍，所以个体在进行薪酬比较时往往会选择比自己职位高的参照对象。实际上，我国企业内部多数采用"基层管理者—中层管理者—普通高管（Non-VP 级高管）—副总级高管（VP 级高管）—总经理（CEO）"这样的"逐级晋升"制度，而且随着组织层级的升高，这种"逐级晋升"的制度越发稳定，即级别越高，跳跃式晋升越少。这就意味着非 CEO 高管中的 VP 级高管与 Non-VP 级高管面临着不同的晋升途径和薪酬比较对象。在企业内部金字塔式的组织结构中，VP 级高管的位置仅次于 CEO，按照"逐级晋升"的制度也很有可能晋升为 CEO，加之工作内容相似且接触频繁，故而 VP 级高管将 CEO 作为薪酬比较对象十分自然、现实、合理。Non-VP级高管在高管团队中的组织地位和报酬水平低于CEO和VP级高管。依照"逐级晋升"制度，Non-VP级高管在晋升为VP级高管后才有机会再晋升为CEO，当然也会有Non-VP级高管偶尔跃升为CEO，但这仅是个别案例。因此，对于Non-VP级高管而言，其更多地将VP级高管作为薪酬比较对象，而不是将CEO作为薪酬比较对象。所以，高管之间薪酬差距主要包括：CEO与VP级高管的薪酬差距、CEO与Non-VP级高管的薪酬差距、VP级高管与Non-VP级高管的薪酬差距。具体而言，本书的高管之间薪酬差距主要是指CEO与VP级高管的薪酬差距。

1.3.2.2 研发投入

作为企业投资的重要组成部分，研发投入关系到企业的自主创新能力和未来的竞争能力，是一项重要的经营决策。但目前，对于主板市场的上市公司年报，我国并未强制要求其披露相关研发投入的数据，因此这一数据是企业自主披露项目，但深圳中小板和创业板的上市公司则需要披露研发投入及专利技术的相关数据。不少上市公司在"管理层讨论"中披露研发投入，还有一些上市公司则是在现金流量表附注中有所披露。

本书的研发投入就是根据上市公司年报中"管理层讨论"和"现金流量表附注"中的相关数据收集整理而来的，同时按照国内外研究惯例采用研发强度（研发投入/营业收入、研发投入/总资产）作为衡量企业研发投入水平的指标。

1.4　研究内容与研究框架

1.4.1　研究内容

本书从我国的现实情况出发，依托代理理论和控制权理论，采用理论分析与实证研究相结合的方法，对我国上市公司终极控股股东与高管团队之间的利益冲突问题进行了分析和研究，并以研发投入为例，实证检验了控股股东与高管团队之间利益冲突对企业经营决策的具体影响。具体的研究内容安排如下：

第 1 章从我国社会的现实情况出发，介绍了本书的现实背景和现实意义，之后根据国内外相关理论研究的最新情况，指出本书的理论价值和理论意义。基于现实背景和理论研究的不足，进一步确定了本书的主要内容和相关核心变量的概念，从而构建了本书的基本研究框架。

第 2 章主要是评述与本书有关的理论研究进展，分别介绍了控制权理论、高管激励、薪酬差距以及研发投入影响因素的最新研究进展，通过对已有的国内外研究文献的整理和评述，从而指出现有研究的空白和不足。针对现存的主要研究不足，确定本书研究的理论出发点和主要拟解决的问题，从而确定了本书的主要方向和潜在的理论贡献。

第 3 章根据我国企业面临的实际情况：第 Ⅰ 类代理问题十分普遍、高管激励措施十分有限、金字塔式的组织结构十分通行，运用经济理论和数学工具构建了理论分析框架，通过相关推导和分析指出我国企业中基于金字塔式组织结构的高管薪酬差距对企业冒险行为的影响以及"公平偏好"对这一作用机理的改变，并据此提出了本书的主要假设。

第 4 章介绍了本书的研究设计，主要包括研究样本的确定与相关筛选标准，以及研究中所涉及的主要概念的度量问题，在此基础上完成了理论模型的设定工作。

第 5 章则主要是采用实证分析方法，运用之前收集整理的相关数据，实证分析和检验相关理论假设的观点。其中，首先分析了高管之间薪酬差距对企业研发投入的影响，在此基础上进一步分析了企业规模、产权性质、超额控制权、经营风险和市场化程度对高管之间薪酬差距与企业研发投入之间关系的调节效应，从而揭示出不同组织情境下高管之间薪酬差距对企业研发投入影响的差异性。为了保证结果的可靠性，我们采用替代变量对之前的研究命题进行了稳健性检验。最后，针对研究中可能存在的内生性问题，本书采用工具变量对上述研究的基本假设进行了再次检验。

第 6 章总结了上述研究所取得的主要成果和主要理论贡献，特别总结了本书的创新点。之后指出本书现有研究中存在的不足和有待改进的地方，最后根据现有研究的成果确定了未来可能的研究方向和有待研究的命题。

1.4.2 研究框架

本书研究框架如图 1-5 所示。

```
                    ┌──────────┐
                    │  研究背景  │
                    └─────┬────┘
                          │
                  ┌───────┴──────┐
                  │  研究问题的提出  │
                  └───────┬──────┘
          ┌───────────────┼───────────────┐
    ┌─────┴─────┐   ┌─────┴─────┐   ┌─────┴─────┐
    │ 相关文献综述 │──▶│ 现实情况提炼 │──▶│ 理论模型的建立 │
    └───────────┘   └─────┬─────┘   └───────────┘
                          │
                  ┌───────┴──────┐
                  │ 本书的主要研究假设 │
                  └───────┬──────┘
                          │
                    ┌─────┴────┐
                    │  研究设计  │
                    └─────┬────┘
          ┌───────────────┼───────────────┐
    ┌─────┴─────┐   ┌─────┴─────┐   ┌─────┴─────┐
    │ 研究样本的确定 │   │ 研究变量的确定 │   │ 研究模型的设定 │
    └───────────┘   └─────┬─────┘   └───────────┘
                          │
                    ┌─────┴────┐
                    │  实证研究  │
                    └─────┬────┘
          ┌───────────────┼───────────────┐
    ┌─────┴─────┐   ┌─────┴─────┐   ┌─────┴─────┐
    │ 高管之间薪酬差距 │   │ 企业特征的调节 │   │ 外部环境的调节 │
    │ 对研发投入的影响 │   │    作用    │   │    作用    │
    └───────────┘   └─────┬─────┘   └───────────┘
                          │
                  ┌───────┴──────┐
                  │  结果讨论与分析  │
                  └───────┬──────┘
                          │
                    ┌─────┴────┐
                    │   结论   │
                    └──────────┘
```

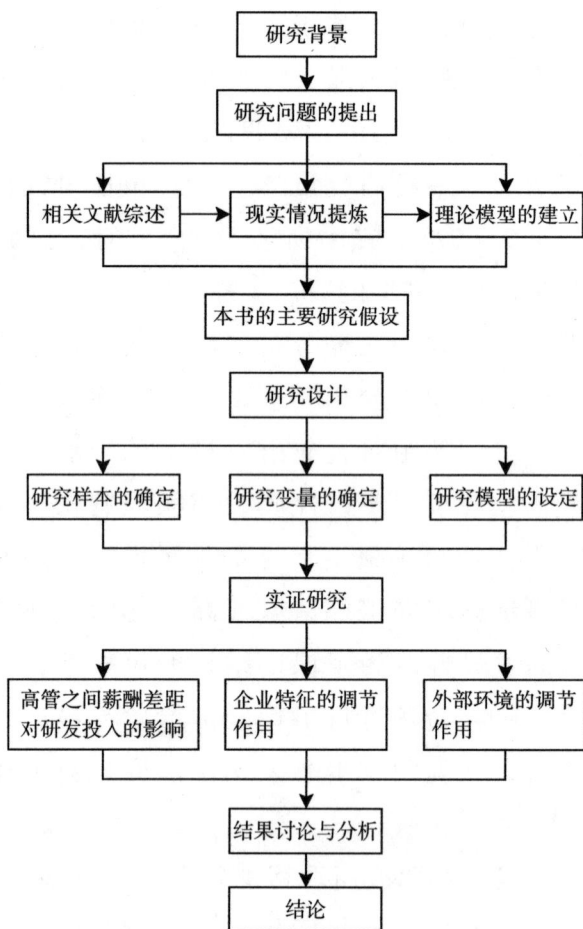

图 1-5　本书研究框架

2

相关文献评述

与本书有关的文献主要是高管激励理论和技术创新理论，其中关系最为密切的相关研究文献是终极控制权相关研究、高管股权激励的相关研究、高管之间薪酬差距的相关研究和研发决定因素的研究，因此本书按照以上四个方面对相关文献进行概括和评述，从而确定本书的理论出发点。

2.1 终极控制权的研究进展

2.1.1 国外研究进展

自 Berle 和 Means（1932）提出公司治理的基本命题后，最初所有的研究都基于股权比较分散的假设来分析股东—管理层（Principal-Agent）之间的代理问题，也被称作第 I 类代理问题。但随着研究的深入和发展，人们逐渐发现，欧洲大陆和东南亚的很多国家的股权比较集中，普遍存在终极控股股东，之后发现即使是在英美国家，股权集中度较高的企业占比也比较高，所以世界主要国家的企业都存在控股股东，而且控股股东通过多种形式往往拥有比例极高的控制权，这种控制权和所有权的分离可能会造成对小股东利益的侵占，于是人们开始关注控股股东与小股东（Principal-Principal）之间的代理问题，也称作第Ⅱ类代理问题。

有关第Ⅱ类代理问题的研究始于 Claessens 等、Faccio 和 Lang，他们发现并证实了较高的股权集中度导致终极控股股东的出现，而且终极控股股东的控制权份额远远大于其所有权份额，也就是存在超额控制权的情况。之后，人们逐渐发现终极控制权及两权分离这一现象在世界各国都十分普遍，因而控股股东与中小股东之间的代理问题成为全球性的公司治理问题。Shleifer 和 Vishny 认为，较为集中的股权结构可能导致大股东的剥削行为。特别是当控制权超过所有权时，这一剥削行为将变得更加严重。Bebchuk 等指出，随着终极控股股东的现金流权的下降（超额控制权的增加），控制权与现金流权分离导致代理成本有所上升，代理成本的增加也就意味着企业价值的降低，所以终极控制权及超额控制权又会影响企业业绩或企业价值，这一"掠夺效应"已经通过多个指标（Tobin Q、ROA、CAR 和股票回报）在西欧、保加利亚、俄罗斯、瑞典、德国、土耳其、中国、中国香港、中国台湾、印度、日本、韩国、美国和加拿大等主要国家和地区获得了证实。

起先 Morck 等研究发现，股权集中度与企业价值呈 U 形关系，之后 La Porta 等研究发现，终极控股股东的现金流权与企业价值 Tobin Q 正相关，但他们没有进一步分析终极控股股东两权分离与企业价值的关系。Claessens 进一步研究发现，大股东的现金所有权与企业价值正相关，而且超额控制权与企业价值负相关，也就是终极控制权同时又具有激励效应和壕沟效应。

之后，多项研究发现了终极控制权的壕沟效应，即使在家族企业也是如此，所以终极控制权的壕沟效应具有普遍性。由此，人们深入"企业组织"这一黑箱内部，分析终极控制权对企业主要经营决策的影响，现有研究涵盖了现金价值、关联交易、股利政策、负债融资、投资和并购、运作绩效、资本成本、会计信息、审计费用等多个方面。

其中，关联交易、股利发放、负债融资、投资与并购等活动会增加被控股企业的资源规模和数量，从而为其实现控制权私人收益提供准备和必要条件。关联交易是控制股东转移资源最简单、最常见的方式，最初的研究发现：关联交易与超额控制权显著正相关。股利政策是终极控股股东的另一个选择，因为发放股利直接减少了终极控股股东手中的资源，降低终极控股股东掠夺的可能，反之减少了现金股利则有助于控股股东实现控制权私人收益，所以减少现金股利也就成为终极控股股东的一种掠夺方式。不过，有时为了掩盖掠夺行为，终极控股股东反而会增加股利发放，即现金流权和控制权分离程度与股利显著正相关。针对上述研究结论的分歧，Pinkowitz 等认为，当制度较差时，控股股东会选择持有更多的现金以便较容易地攫取这些现金。特别是当控股股东的控制权与现金流权分离程度越高，公司越倾向于分配较少的股利并积累较多的现金。

债务融资可以增加企业规模和资源的数量，因此终极控制可以通过借贷活动来实现其控制权私人收益。Du 和 Dai 研究发现，控股股东的两权偏离度与负债水平正相关，而且两权分离度还会导致负债约束和更高的银行贷款成本及更短的贷款期限。之后的研究发现，超额控制权的壕沟效应也会导致短期负债上升、融资成本升高、财务约束。总之，两权分离度会导致过高的负债，过高的负债影响其他投资者的决策，所以负债反过来又成为超额控制权的保护工具。

终极控股股东还可以通过投资活动来增加企业规模和资源数量以实现其控制权私人收益，这样就造成企业的过度投资、风险投资以及并购活动。但也有研究指出，终极控股股东主导的并购活动并不会减少企业的业绩和价值，甚至还有正面影响。

为了保证控制权私人收益的安全性和长期性，终极控股股东必然会隐藏和掩盖自己的利益攫取行为，因此终极控股股东会故意降低企业的透明度，减少企业信息的披露，增加企业信息的不对称，这样可以有效避免相应的追讨和惩罚，所以终极控制权会降低企业的会计信息质量和信息透明度，并且显著提升盈余管理水平。不过，所有权的增加会降低盈余管理活动的强度，提高企业的信息质量。在公开市场中，终极控制权导致的信息不透明和信息不对称必然会增加投资者的信息收集成本和交易风险，从而降低投资者的热情，导致股票流动性的降低并凸显分析师报告的重要性。由于信息不透明和不公开，其他小股东和投资者需要新的途径和渠道来了解相关信息和资料，分析师报告成为市场的主要选择。随着企业信息透明度和股票流动性的降低，企业权益成本会有所上升，但多个大股东并存带来的控制权的竞争可以降低股权的融资成本。

除了控股股东外，管理层手中的控制权也会产生壕沟效应。管理层通过其掌握的超额控制权为自身牟利，获得较高的报酬以及支付给工人更多报酬，这就意味着管理层的超额控制权具有壕沟效应。对超额控制权带来的上述代理问题，公众投资者特别是机构投资者会有所察觉，从而会减少对其投资。此外，投资者保护制度也会缓解这一壕沟效应。

最后，终极控制权或超额控制权还具有激励效应。部分研究认为，超额控制权并非总是产生负面影响，甚至在一定的条件下还具有一定的激励效应，支付给员工更多的薪资，与投资者建立好的社会关系，提供低努力水平谈判等来提高公司价值，这是终极控制权的监督效应大于攫取效应的结果。

不过到目前为止，很少有研究涉及超额控制权与具体的公司治理变量的关系研究，比如董事会规模、独立董事报酬、管理层报酬等。

2.1.2　国内研究进展

与国外的研究相似，我国最早的研究也证实了超额控制权的存在。大量的研究指出，我国上市公司普遍存在超额控制权现象，而且叶勇等（2005）、叶勇和黄雷（2007）还比较分析了不同法系国家和地区的上市公司两权偏离程度（现金流权与控制权偏离程度）。之后，国内的研究也发现了终极控制权的壕沟效应。但叶勇等（2007）发现，终极控制权具有明显的激励效应。许永斌和郑金芳（2007）研究发现，控制权与公司绩效存在非线性关系。

同时，现有研究普遍认为，超额控制权也会有损企业价值，特别是通过现金价值、全要素生产率、关联交易、负债水平、股利政策、会计信息、投资行为、公司治理、多元化经营等途径来产生壕沟效应，但壕沟效应对不同生命周期的企业影响不同，同时也会因为董事会次数、股东制衡和机构投资者的作用而减弱影响。但也有一些研究指出，终极控股股东的超额控制权并不具有壕沟效应，甚至具有激励效应。

除了终极控制权外，终极控制权的性质差异也具有不同的影响。部分研究认为终极控制权性质与企业绩效有关，并且终极控股股东的性质还会影响资金占用和审计费用，而部分研究认为无关。

2.2　高管股权激励的研究进展

2.2.1　基本概念

国外股权激励研究往往采用内部人股权（insider ownership）这一概念，但在这一概念的界定上存在很大的分歧。Morck 等（1988）、Short 和 Keasey（1999）没有区分管理层所有权（managerial ownership）和内部人所有权这两个概念，他们将董事们（directors）及其直系亲属作为内部人。McConnell 和 Servaes（1995）将管理层划为内部人。Han 和 Suk（1998）将内部人定义为高级职员（officers）、董事（directors）、拥有收益权的所有者（beneficial owners）和股权比率大于或等于 10% 的主要股东（principal）。Ferst 和 Kang（2000）将内部人定义为 CEO、CEO 的直系亲属、高级经理层和内部董事所持有的股权。目前，国外基本将内部人（insider）界定为：管理层、董事和主要股东。

2.2.2　研究进展

高管团队激励问题一直是研究的热点。国外有关高管团队股权激励的研究主要集中在股票期权方面，这是由于国外企业多采用股票期权这一激励方式。而我国的研究则主要集中在现金报酬方面，当然也有很多研究涉及高管团队股权激励。

高管团队股权激励研究的主要理论基础是委托—代理理论，由于关注重点和研究视角的不同，又出现了两种不同的观点：利益趋同效应（alignment effect）和壕沟效应（entrenchment effect）。其中，利益趋同效应认为，因所有权和经营权分离产生的利益不一致问题，可以通过管理层持股这一激励方式，统一管理层与股东的利益取向，从而实现利益趋同。还有研究从偿债政策、并购活动、信息披露、管理层努力程度、管理层风险承受能力、避税行为的角度分析指出，内部人持股可以提高企业的绩效。我国的研究也证实了利益趋同效应的存在。

相反，壕沟理论认为，随着高管团队（内部人）所持股权的增加，其"内部人"身份将得到认同，对公司的影响力也会增加，职位和报酬将得到保障，但高管团队（内部人）所持股权水平并不会带来任何显著的激励效应。Bebchuk 等的管理者权力理论（manager power theory）进一步强化了这一观点：随着高管团队持股水平的上升，高管人员权力的增强会导致寻租行为（偷懒、在职消费）的增加，所以只会增加代理成本而不会对企业业绩或企业价值产生任何积极影响。而且，从风险行为（并购和资产剥离）、股利政策、回购政策等角度也发现 CEO 的持股水平没有产生激励效应。国内也有研究支持这一观点。

于是，部分学者指出，高管团队（内部人）所持股权的激励效应和壕沟效应并非互相排斥、非此即彼，而是并存的关系，即高管团队的持股水平会同时表现出利益趋同效应和沟壑效应，在不同的情况下，这两种效应的规模有所不同，从而对企业产生不同的影响。因此，高管团队（内部人）持股水平与企业价值往往表现出曲线关系。

2.3 薪酬差距的研究进展

2.3.1 薪酬差距的研究背景

高管结构性激励的研究已经开展 30 年，初期由于研究数据的缺乏发展较为缓慢。直到近十年，随着薪酬差距日益严重和企业高管薪酬的披露，薪酬差距的研究逐渐丰富起来，涵盖了学术组织、职业运动员、医院以及具有多层级的商业组织。与国外相比，2005 年我国上市公司才开始披露高管薪酬的具体情况，所以我国有关薪酬差距的研究才刚刚起步。他山之石可以攻玉，了解和掌握国外有关薪酬差距的最新研究文献和研究进展，有助于推动我国有关高管薪酬结构性问题的研究。基于以上的考虑，本节从基础理论、基本概念和度量、最新经验证据这三个方面系统地梳理了国外有关薪酬差距研究的主要文献和最新进展。

2.3.2 薪酬差距的理论基础

最初，薪酬差距的研究主要集中在劳动经济学领域，之后逐步扩展到社会组织理论、企业管理理论方面，由于研究视角和出发点不同，所以各领域研究所提出的理论基础和主要观点都各不相同。Fredrickson 等（2010）认为：企业薪酬差距研究的相关理论包括锦标理论（tournament theory）、劳动力市场理论

（labor markets）、资源依赖理论（resource dependence）、代理理论（agency theory）、公平理论（equity theory）、相对剥削理论（relative deprivation theory）、公平分配理论（distributive justice）、权变理论（contingency theory）、期望理论（expectancy theory）、社会比较理论（social comparison theory）、边际产出理论（marginal productivity theory）、人力资本理论（human capital theory）、管理层权力理论（managerial power theory）和治理理论（governance theory）。

其中应用最为广泛的主要是锦标理论（tournament theory）和公平理论（equity theory）。其中，锦标理论又被认为是代理理论（agency theory）在薪酬差距研究中的具体形式（Reduced form），这是因为薪酬差距可以替代股东监管，激励管理层，缓解代理问题。当代理人的行为难以观察和监督时，股东监督职能就会失效。这时，虽然评价每个管理者的绝对业绩相对较难，但比较管理者绩效的优劣则相对比较容易，所以薪酬差距可以有效解决代理问题，特别是连续淘汰赛的高额奖金（CEO 的报酬）和职位晋升，会激励管理层努力奋斗，减少自利行为，从而提高企业业绩和股东财富，由此锦标理论是代理理论（agency theory）的具体形式。

不过，公平理论与代理理论的假设不同，并持有不同的观点和主张：①代理理论以经济理论中有限理性人的假设为基础，而公平理论则认为所有的人更关注公平的感觉；②代理理论认为通过物质激励可以减少企业内部代理成本，而公平理论则认为公平感觉是核心激励措施；③代理理论认为不论是股东还是管理者都是为了追求自我利益最大化，而公平理论则认为每个人都是为了追求公平的感受；④代理理论认为报酬的决定标准是具体业绩水平，而公平理论则认为与其他人的比较才是决定报酬是否合理的标准；⑤代理理论关注报酬是否能够减少管理层治理行为，从而降低代理成本，提高企业内部效率，而公平理论则主要关注报酬能否真正公平合理从而形成有效的激励；⑥代理理论主要用来分析总经理和高管团队，而公平理论则主要强调低级别雇员；⑦代理理论中的管理和控制是为了实现企业经营目标，而公平理论中没有涉及管理和控制的目标。这两个理论的比较见表 2-1。

表 2-1　代理理论与公平理论的比较

	代理理论	公平理论
有关人的假设	理性、自利者	公平主义者
激励要素	物质激励	公平的心理感觉
行为导向	实现自我利益最大化的行为	获得公平感觉的行为
报酬的决定因素	具体的绝对业绩	与市场比较的相对绩效
关注焦点	效率（Efficiency）	效果（Effectiveness）
关注对象	总经理 CEO 或高管团队 TMT	低级别的雇员
管理权利	用来实现既定目标	没有提及

2.3.3　薪酬差距的定义和度量

2.3.3.1　薪酬差距的定义

薪酬差距这一概念非常直观，易于理解。但是由于研究数据的不同，不同阶段的研究中所提及的薪酬的内涵有所不同，所以造成薪酬差距的定义也存在一定的差异。根据现有研究文献中的定义和研究方法，薪酬差距的定义主要分为两类：基本薪酬差距和全部薪酬差距。

基本薪酬差距主要是指基本薪酬的差距，只包括基本报酬、奖金等当期现金报酬。

全部薪酬差距则包括了基本薪酬、奖金、股票、期权在内的所有当期和远期报酬，股票期权都采用 Black-Scolers 模型来计算当期的价值。

2.3.3.2　薪酬差距的度量

根据研究对象的不同，薪酬差距可以进一步分为企业内部的薪酬差距和企业之间的薪酬差距，其度量方法也存在一定的差异。

（1）企业内部的薪酬差距的度量。在现有的文献中，由于研究方法和研究数据的不同，薪酬差距的度量方法也有所不同。目前，国外相关研究文献中主要采用的度量方法有以下四种：

1）变异系数。这一方法来自于统计学中度量分布离散程度的公式，在实际的研究中，薪酬差距就是薪酬的变异系数，即用研究对象薪酬的标准差除以薪酬平均值。

$$薪酬差距 = 变异系数 = \frac{薪酬的标准差}{薪酬的平均值}$$

2）自然对数。这一方法先计算两类研究对象的平均薪酬之差，之后再对平均薪酬之差取对数，主要用来研究高管团队之间的薪酬差距，即薪酬差距等于 CEO 薪酬减去其他高管的平均薪酬的差的自然对数。

$$薪酬差距 = \ln（CEO 薪酬 - Non-CEO 高管薪酬的均值）$$

3）自然数的差。这一方法最为简单，用研究对象的平均薪酬之差作为薪酬差距，即高管团队之间的薪酬差距等于 CEO 薪酬与其他高管团队成员平均薪酬的差。

$$薪酬差距 = CEO 薪酬 - Non-CEO高管薪酬的均值$$

4）自然数的比值。这一方法是将研究对象的平均薪酬相比，计算两者之间平均薪酬的比例作为度量薪酬差距的指标，也就是 CEO 的薪酬除以其他高管成员的平均薪酬。

$$薪酬差距 = \frac{CEO \text{ 的薪酬}}{Non\text{-}CEO \text{高管薪酬的均值}}$$

上述几种方法主要用于衡量和计算企业内部不同层级员工之间的薪酬差距，由于不同企业之间的具体情况有所不同，因此企业之间薪酬差距的度量另有方法。

（2）企业之间薪酬的差距度量。企业之间的薪酬差距计算方法较多，根据计算对象的不同可以分为两类：①计算不同层级的工人之间的薪酬差距，主要的方法有基尼系数、蓝领/白领工资比率；②而计算不同企业的同一层级工人薪酬差距主要采用 Winter-Ebmer 和 Zweimüller（1999）、Bingley 和 Eriksson（2001）的方式来计算企业之间的薪酬差距。

$$\ln W_{ijt} = \beta_0 + \beta_1 X_{ijt} + \varepsilon_{ijt}$$

其中，W_{ijt} 是在 t 时间内 i 工人在 j 工厂全职工作的月工资；X_{ijt} 是 i 工人的个人特征，包括年龄、性别、学历、工作行业经验、工作年限等基本的人力资源信息；ε_{ijt} 是误差项。根据不同企业同一类别的员工数据，可以估算出上述公式的具体参数 β_0 和 β_1，之后根据某一类别员工的实际数据可以计算出其应得的工资总数，而实际工资与估计值的差就是企业之间的薪酬差距。

2.3.4 相关研究的经验证据

随着相关理论的完善和度量方法的丰富，薪酬差距的经验研究和实证分析也不断涌现，目前国外薪酬差距的实证研究主要集中在以下四个方面：①薪酬差距的决定因素；②薪酬差距的业绩影响；③薪酬差距业绩影响的调节因素；④除了企业内部薪酬差距的研究外，还有部分学者分析企业之间的薪酬差距问题，如图2-1所示。

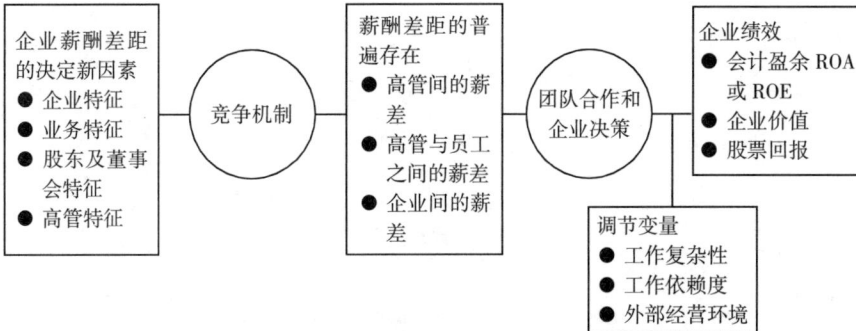

图2-1　薪酬差距实证研究的理论框架

2.3.4.1　薪酬差距的决定因素

薪酬差距是连续淘汰赛的结果，而企业特征决定了连续淘汰赛的激烈程度，所以企业的基本特征必然会影响到薪酬差距的程度，而企业的特征主要包括以下几个方面（见表2-2）。

表2-2　企业薪酬差距的决定因素

类别	因素	关系	研究文献
基本特征	内部层级数量	正相关	Leonard, 1990; Lazear, 1992; Main et al., 1993; Lambert et al., 1993; Baker et al., 1994; Lin et al., 2009
	竞争人数	正相关	Main et al., 1993; Conyon et al., 2001; Lin et al., 2009; Kato and Long, 2011
		无关	Hendrickson and Fredrickson, 2001
		负相关	Heyman, 2005
	企业规模	正相关	Hendrickson and Fredrickson, 2001; Rajgopal and Srinivasan, 2006
	企业年龄	正相关	Rajgopal and Srinivasan, 2006
业务特征	业务种类	正相关	Rajgopal and Srinivasan, 2006
	研发活动	正相关	Rajgopal and Srinivasan, 2006
	投资活动	正相关	Rajgopal and Srinivasan, 2006

续表

类别	因素	关系	研究文献
业务特征	投资机会	正相关	Bloom and Michel, 2002；Rajgopal and Srinivasan, 2006
	业务环境	负相关	Bloom and Michel, 2002
		正相关	Heyman, 2005；Rajgopal and Srinivasan, 2006；Lin et al., 2009；Kato and Long, 2011
人力资源特征	CEO 任期	正相关	Bebchuk et al., 2011
	CEO 是否兼任董事长	正相关	Bebchuk et al., 2011
	高管离职率	负相关	Rajgopal and Srinivasan, 2006
	明星高管的数量	负相关	Rajgopal and Srinivasan, 2006
	高管团队的性别比例	负相关	Rajgopal and Srinivasan, 2006
	副总升职的概率	负相关	Kale et al., 2009
	高管平均任期	负相关	Fredrickson et al., 2010
	高管兼任董事的数量	U 形关系	Fredrickson et al., 2010
		负相关	Bebchuk et al., 2011
决策者的特征	股权集中度	正相关	Fredrickson et al., 2010
		负相关	Bebchuk et al., 2011
	大股东的董事席位	正相关	Rajgopal and Srinivasan, 2006
	董事会规模	正相关	Rajgopal and Srinivasan, 2006
	董事会独立性	正相关	Rajgopal and Srinivasan, 2006
	董事会的性别比例	正相关	Rajgopal and Srinivasan, 2006

（1）基本特征。内部层级越多、竞争人数越多、企业规模越大、企业成立时间越久，薪酬差距越大。不过也有不同的观点，Hendrickson 和 Fredrickson 认为，竞争者人数与薪酬差距不存在显著关系。而 Heyman 认为竞争人数与薪酬差距显著负相关。

（2）业务特征。业务特点和业务环境的变化决定了企业管理的复杂性和难度，从而需要相应能力和素质的管理者，这样必然导致不同的薪酬水平，从而造成薪酬差距。一般而言，企业的业务越复杂、环境变动越大，薪酬差距的程度越大。但也有研究认为，环境变动与薪酬差距负相关，这是因为变动要求合作，合作或协作导致薪酬差距不能过大。

（3）人力资源特征。报酬是对人力资本的补偿，人力资本的差异也会造成报酬水平的不同，高管团队的不同构成和特征差异代表了不同的人力资本，自然会得到不同的报酬水平，从而产生薪酬差距。CEO 的任期和兼任董事长情况决定了其职位稳定，具有较高的替换成本、股东信任成本以及制定薪酬计划的参与度，这些都会造成 CEO 与其他高管之间薪酬差距的拉大。而高管平均任期、副总升职的概率、高管离职率、明星高管的数量、高管团队的性别比例，从不同侧面反映了高管团队中不同主体的讨价能力，会从不同程度降低薪酬差距，但高管兼任董事的数量影响仍存在分歧。

（4）决策者的特征。股东及董事会直接决定着企业薪酬计划，因此其特点也会影响薪酬差距的程度。股权集中度对薪酬差距的影响存在一定分歧，而 Rajgopal 和 Srinivasan 研究发现，董事会规模、董事会独立性、大股东的董事席位、董事会的性别比例都对薪酬差距产生积极的影响。

虽然中国的制度背景和文化传统与西方不同，但中国企业薪酬差距也与内部管理层级、竞争人数、经营环境显著正相关，国有股权和董事会的独立性都会降低薪酬差距的程度。

2.3.4.2 薪酬差距对公司绩效影响

在分析薪酬差距与公司绩效两者关系时，出现了不同的理论分支和经验证据。锦标理论认为，连续淘汰比赛可以替代监督机制，从而激励管理层。特别是对于其工作努力程度难以监督的高管来说，加大薪酬差距会取得更好的公司业绩。但公平理论认为，薪酬差距导致不公感受和被剥削感觉，导致出现负面情绪和行为，从而有损企业业绩。

Main 等（1993）同时检验了锦标理论和公平理论，研究结果显示薪酬差距的增大有助于企业绩效的提高，即这一结果证明了锦标理论。之后，一系列的研究采用不同的业绩指标证实了薪酬差距的激励效果。此外，Gnyawali 等（2008）发现，高管之间的薪酬差距对竞争绩效（活动种类、复杂性和程度）也有激励效果。

而公平理论认为，报酬由人的贡献决定，而且每个人都会将自己付出与回报的情况与其他人相比，从而来判断报酬是否公平，当管理层的报酬不成比例增加时，往往会引起不公情绪。这些负面感觉都会影响到员工的行为和情绪，从而引起组织内出现缺席、罢工等行为，从而影响到企业的业绩。在垂直的不同层级之间比较薪酬时，一般员工往往会有被剥削的感觉，于是较大的薪酬差距可能会引起不公平，同样也会导致管理层任期减少、离职率升高，并最终导致公司绩效下降，这是因为较大薪酬差距导致内部竞争增加，而合作减少，从而影响了企业的财务绩效。除了公司绩效外，研究发现，薪酬差距还会降低产品质量、工作效率、并购活动和组织效率。

最后，还有一些研究认为薪酬差距与企业绩效关系并不显著。

2.3.4.3　薪酬差距与公司业绩两者关系的调节因素

如上所述，薪酬差距对企业绩效的影响仍存分歧，不同国家、不同行业的研究得到的结论不同。究其原因，人的行为由其情绪、认知、教育等多种因素影响，现实中人的行为并非完全的"理性经济人"，也非完全的"公平主义者"，所以针对不同的环境和情况，人们会做出不同的决定和选择，从而导致薪酬差距与企业绩效的关系发生较大的变动。所以，其他因素必然会影响薪酬差距与企业绩效之间的关系。

最直观的影响因素就是业务特点。不同复杂程度的工作对沟通、交流、协商和合作的要求不同，也对业务上下环节的依赖度和协作性要求不同，而薪酬差距会引起各环节管理者的不同情绪和反应，从而影响内部沟通、交流和合作，最终会影响到企业业绩。所以，业务的多元化程度、业务的国际化程度、技术复杂性和业务依赖度会影响薪酬差距与企业业绩的关系。

除了业务特点之外，企业内部制度或机制的合理性也会影响到各部门、各层次管理者对薪酬差距的态度和反应，从而影响到薪酬差距的激励效果，研究发现企业内部的晋升机制、激励机制和监督机制都会影响管理者的情绪和态度，从而影响到薪酬差距与公司绩效的关系。而且董事会独立性、股东类型决定了薪酬差距的合理性，自然也会影响到薪酬差距的业绩激励效果。甚至，外部市场环境如股价波动性也会影响薪酬差距与企业绩效的关系。

企业间薪酬差距的影响及调节效应。除了企业内部薪酬差距的影响外，还有部分学者关注企业之间薪酬差距对企业绩效的影响，特别是基于公平理论的研究显示这一影响十分明显。现有研究发现，企业之间薪酬差距对企业绩效的影响因员工类型不同而有所差异，企业之间 CEO 的薪酬差距、蓝领工人的薪酬差距对企业绩效都有积极的影响，但白领工人的薪酬差距与公司绩效之间的关系却不明确，部分认为是驼峰形状关系，部分认为是倒 V 形关系，而最新观点都认为两者之间显著正相关。针对这一分歧，部分学者认为，其他因素也会影响企业之间薪酬差距与公司绩效的关系，如员工素质、激励方式（内部晋升和计件工资制）、劳资关系的组织方式（工会是否存在及覆盖的范围）。

不论是在国外还是国内，高管薪酬连续上涨导致薪酬差距不断扩大的现象引起社会的广泛关注，因此分析和研究薪酬差距的成因和影响对于正确认识这一社会现象，引导大众舆论具有十分重要的现实意义。

从上述内容中，我们可以发现，国外对薪酬差距的形成原因和影响有不同的观点和认识。由于文化背景、传统习俗等诸多社会因素会影响到不同类型员工的感受和情绪，因此我们需要从我国实际情况出发，运用我国现有的相关数据分析企业内部薪酬差距和企业之间薪酬差距的形成原因和影响，从而科学、合理地认识薪酬差距的成因和业绩激励效果，而非简单地、不理性地评价现有薪酬差距这一社会现象。目前，我国学者已经开始关注企业内薪酬差距和企业间薪酬差距对公司绩效的影响，但与国外相比，很多问题有待于研究。特别在我国"不患贫而患不均"传统的影响下，企业薪酬差距是否有效？不同情境如何影响薪酬差距的激励效应等命题有待于探讨和分析。本书通过对国外相关研究文献和进展的介绍，抛砖引玉，以期推动我国在这一领域的研究。

2.4 研发投入的影响因素

研发活动是企业生产和经营的重要内容，不仅影响着当期盈利水平，而且关乎企业未来的发展潜力和竞争力，因此研发投入的决定（影响）因素一直都是研究的热点问题。在国外的文献中，企业研发活动又称为研发费用（R&D expenditure）、研发投入（R&D investment）或者研发战略（R&D strategy），其实质研究的内容和变量没有差别，因此在本书的综述中我们对上述概念不做区分。

自熊彼特提出研发投入影响因素这一命题以来，不同战略学派都分析和研究了这一问题并取得了一系列研究成果：市场学派（market-based view）强调市场和竞争对企业研发投入的影响；资源学派（resource-based view）则强调企业特征对企业战略的影响，因此研究内容纷杂而莫衷一是，直到战略利益相关学派（stakeholder view of strategy）才从根本上统一了研发投入影响因素的理论分析框架。

战略利益相关学派认为：企业是一系列契约的组合（the nexus of contracts），随着契约内涵的扩展，任何与企业发生直接或间接联系的组织和个人都可以视为显性或隐性的契约，并通过这一关系对企业的研发投入产生影响。所以战略利益相关学派研究不仅涵盖市场学派和资源学派的内容，还将之拓展到宏观层面。根据企业契约缔结的顺序、重要性和紧密度，研发活动决定因素的研究内容可以分为以下几个层次（见图2-2）。

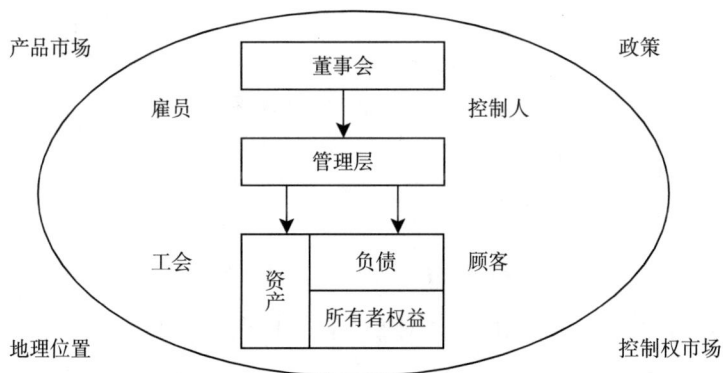

图2-2 企业研发投入影响因素结构层次

如图 2-2 所示，按照契约缔结顺序和重要性，最核心的影响因素是董事会、管理层以及相关的公司治理机制；其次是公司的紧密利益相关者员工、顾客、工会和实际控制人；最后是市场、政策、位置的宏观因素。这一理论分析框架和相应层次的划分与研发投入影响因素的发展历史不完全相同，传统的研发影响因素的研究经历了"企业内部特点—外部环境—公司治理"这样一个由内到外再到内的发展过程。

我们将图 2-2 的层次结构进一步简化，按照影响因素的归属关系可以分为内部影响因素和外部影响因素如图 2-3 所示。其中内部因素包括：①董事会特征；②管理层特征；③员工情况；④资产情况。外部影响因素包括：①股东情况；②市场情况；③公共政策；④其他因素。

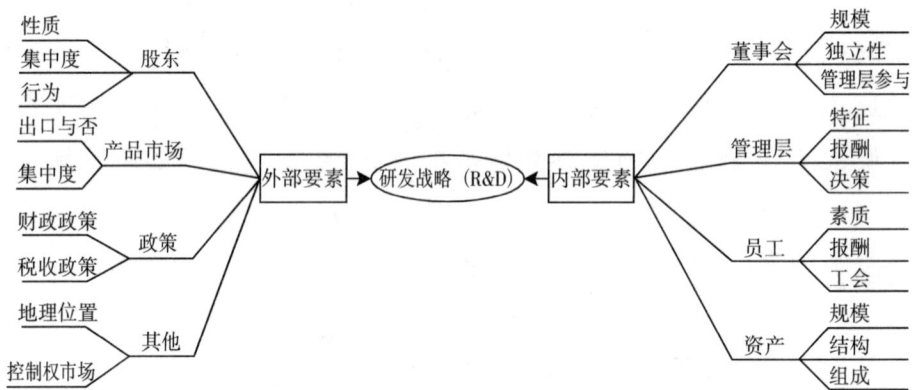

图 2-3 研发投入影响内外部影响因素汇总

2.4.1 内部要素

研发投入是企业一项重要的经营决策，作为公司主要的决策机构和经营机构，董事会和管理层自然会对研发投入产生直接的影响。不过，鉴于研发活动的高风险、长周期的特点，董事会和管理层可能会鉴于自身风险和收益的综合考量而做出不同的选择，特别是对于管理层而言，可能会出于自利而减少研发投入。于是，所有可能抑制这一短期行为的因素都可能对研发投入产生影响。

作为主要的决策机构，董事会的独立性减少了董事会的自利动机，有助于保障研发活动这样的长期战略，但也有观点认为外部董事并不真正了解企业反而会制约企业的研发进展。一般而言，内部董事更熟悉企业实际情况而能更有效地进行研发投入，特别是最熟悉和了解企业实际情况的管理层董事会更有效地促进研发投入。随着董事来源的丰富和人数的增加，董事会内部沟通和交流成本的增加将有碍研发投入战略的制定，所以董事会规模的增加制约了研发活动，中等规模的董事会最适合开展研发活动。

除独立性外，年龄、教育程度、工作背景、任期这些个人特征的差异也会影响董事或高管的认知、理解和判断，并由此产生不同的风险判断和决策行为。一般而言，年纪越小、任期越短、教育程度越高、具有技术研发类的工作背景的高管团队越容易开展研发活动，但董事的受教育程度和风险投资工作背景则有碍于研发活动。作为高管团队的核心，CEO的年纪越小、教育程度越高、工作年限越长或具有研发、技术和销售工作经历越容易进行研发活动。

与独立性和高管特征相比，公司治理机制特别是股权激励对研发活动的影响更为重要，这是因为股权激励产生的利益一致性更能有效地减少董事会成员或管理层的短期行为，所以董事会或管理层持股具有激励效应，但有时这一激励效应会因为企业绩效的不同而有所不同，甚至是呈曲线关系。然而董事会或管理层的基本报酬不仅没有激励效果，甚至会因为基本待遇较好而加重短期行为。最近，Kor 就尝试性地分析了董事会和管理层团队的博弈如何影响企业的研发活动。

实际上研发的具体活动主要是由一般员工负责并开展，因此员工的基本情况也会对研发活动有所影响，特别是员工激励计划对研发活动具有显著的促进作用。但工会组织有碍于研发活动，因为工会的出现导致实际工资的增加，一方面减少了企业可投入研发的资本，另一方面降低了员工激励的效果。

人、财、物是企业的主要资源，除了人以外，财和物同样会对企业的研发活动产生重要影响。熊彼特曾指出，规模大的企业因为融资优势、规模经济、成本分摊、研发活动与非制造活动的协同效应，所以研发活动更密集。外部较难筹集必需的资金这一困境导致内部融资对于研发活动十分重要。所以熊彼特认为：规模和内部融资是影响企业研发活动的重要因素。现有的研究主要从资产规模、现金流、负债情况来衡量企业财和物的规模及对研发活动的影响。

不同的研究先后通过研发活动可能性、研发强度、研发规模弹性等证明研发活动与企业规模显著正相关，不过部分对研发规模弹性和专利产出的研究得到相反的结论，还有研究指出企业规模与研发活动存在 U 形关系。

相对于企业规模，现金流的情况反映了企业可用于投资的资源规模，因此研究发现现金流与研发活动显著正相关。但 Bond 等（1999）认为，现金流并不影响企业研发费用，只会影响到企业研发投入的可能性。

与现金流不同，负债会增加偿息的压力，减少企业可利用的资源规模，从而会影响到企业研发投入，而且这一负面影响具有持续效应。不过日本的研究发现，两者具有正相关关系，这可能是因为日本长期经济衰退导致资金成本较低而资金量充足使得负债抑制作用小于现金流的促进作用。

最后，企业的经营决策会影响和决定资源的配置，因此多元化经营、股利政策都会减少研发活动。

2.4.2 外部因素

除了上述内部关键要素外，外部环境也会影响企业研发活动，按照契约关系的紧密性和重要性，研发活动外部影响因素大体可分为：股东、市场环境、公共政策和其他因素。

不同类型的股东，其利益诉求不同，因而对研发活动采取不同的态度。一般而言，家族股东、国有股股东、金融机构股东的影响存在分歧。而机构投资者会促进研发活动开展，但机构投资者因为投资周期的不同而对研发活动产生不同影响，长期投资的、积极的机构投资者支持研发活动，而短期交易的机构投资者则会抑制研发活动。除了股东类型外，控制权配置及争夺也会影响研发活动。一般而言，股权越集中，越容易进行研发活动，但也有证据显示股权集中度与研发活动负相关，甚至两者存在曲线关系。同时，控制权争夺也会对研发活动产生影响。并购和撤资两种外部的控制权转移方式对研发具有不同的影响：并购会增加研发活动，或者会减少研发活动，而且反并购措施也会对研发活动产生影响。同时，撤资则会增加研发活动。

外部产品市场的竞争也会影响企业的研发活动。市场需求特别是国外的市场需求（出口业务）往往会刺激企业的研发投入，而且这一激励效果具有行业差别。但也有研究认为，国外市场带来的激烈竞争会减少企业的研发投入。由此，部分学者认为市场集中度（市场竞争情况）与企业研发存在曲线关系。

除了市场竞争外，公共政策是影响企业研发活动最重要的外部因素。多数的研究认为，税收抵免对研发投入具有积极的影响。但财政资助对研发活动的影响存在一定分歧，部分学者认为其具有补充效应（激励作用），部分学者认为存在挤出或替代效应，但也有研究指出两者之间并不存在挤出效应，比如David 等（2000）的综述指出，政府资助与研发活动可能是补充关系，也可能是替代关系。此外，还发现税收抵免主要是短期影响，而财政补贴主要是长期影响。

最后，研发活动具有集群效应和溢出效应，但这些效应具有地域半径，因此企业的研发活动具有地域特点。

2.4.3 其他因素

除了上述主要因素外，还有研究分析了企业吸收能力技术变化速度、企业寿命、期望报酬对研发活动的影响。

本节归纳和梳理了国外有关研发投入影响因素的实证研究成果，这一方面的实证研究源于人们认识到研发对经济增长的重要性，特别是熊彼特假说的提出直接促进了相关实证研究的开展。

按照研究的发展历程，我们可以发现，最初的研究主要是分析企业自身特征和所处环境这些显而易见的内部或外部因素对研发活动的影响。实证研究表明：企业的规模、现金流、财务情况、股利政策、员工素质、出口与否、期望报酬、吸收知识的能力这些自身特征都对研发活动有所影响。同时，市场集中度、地理位置、公共政策、工会组织、技术变化速度这些外部环境也会对企业的研发投入产生影响。所有这些企业特征和外部环境的实证研究揭示了企业研发活动受到外部的、诸多客观条件的影响。不过这些研究也具有不足之处：只是简单地分析某一个客观因素或几个因素对研发活动的直接影响。

随着研究的发展和资源概念的拓展，企业高管也被纳入这一研究领域，特别是高层梯队理论的出现直接促进了这一方面的研究。CEO、高管及董事的相关特征反映了认知和价值观等差异对沟通、冲突等实际决策过程的影响，由此发现管理层、CEO和董事的主要特征也会对研发活动产生影响。与之前的研究不同，这一研究尝试分析企业内部决策者对研发活动的影响，通过分析高管特征来了解企业内部决策权或决策过程如何对研发活动产生影响，试图探寻决策机制如何影响研发活动这一经营决策。但这一分析手段和方法只能反映出静态情况，并不能真正有效地剖析企业内部决策机制的动态变化。

最近，公司治理与研发活动的关系成为最热的研究内容，这是因为只有从公司治理的角度，才能真正地了解和掌握公司决策机制如何动态影响研发活动，从而最真实、客观地反映出企业研发活动的影响机制和过程，而所有可能影响到公司治理机制和作用的因素都可能直接或间接地影响着研发活动。由此，股权集中度、股东类型和董事会结构这些重要的公司治理要素都会对研发活动产生影响，而且外部治理机制（如控制权市场）也会对研发活动产生影响。这一研究突破了以往静态特征分析的模式，从企业治理机制出发，尝试分析和探讨公司治理机制如何动态变化并对研发活动产生影响。不过现有研究只关注公司治理机制的某一个方面或某一个主体，虽然一些研究已经开始关注不同治理要素之间的互动和影响，但这方面的研究尚待拓展。

2.5　小结

在前面的四节中，我们详细回顾了有关终极控制权（超额控制权）、高管激励与研发投入决定因素三方面的相关文献和最新研究进展。通过对已有文献的梳理，我们可以发现上述三个方面的研究中都存在着一定的不足和有待完善的地方。

2.5.1　高管激励

高管激励问题一直是公司治理的核心问题，国内外对此的研究也比较丰富。不过由于社会制度和经济发展情况不同，国内外有关高管激励的研究内容略有不同。国外高管激励的研究主要关注股票期权，而国内的研究则主要关注高管持股问题。而且根据研究目的的不同，高管这一研究概念的内涵也不完全相同。除了上述比较明显的差异外，国内外现有高管激励的研究很少关注薪酬水平结构性差异的激励效果。国外有关高管激励的研究主要是分析股票期权的相关问题，而国内的高管激励研究则主要是分析高管持股水平的相关问题。只有很少学者关注和研究薪酬差距这一激励措施对企业业绩的影响，而有关公司治理其他要素与这一激励措施的交互作用也尚未得到重视和关注。

2.5.2　研发投入的影响因素

如前所述，研发投入是企业自主创新能力的源泉，历来是各研究领域的热点问题。经过几十年的努力和发展，对这一问题的认识已经比较丰富。特别是最近几年，公司治理理论在研发投入方面的应用逐渐普及并繁荣起来，公司治理机制对研发投入的影响也逐渐清晰起来，但现有研究仍存在以下几个方面的不足：第一，单变量的研究不能充分揭示研发决策的内在机理。公司治理因素与研发投入关系的现有研究侧重于分析单一因素的影响，与企业实际情况并不吻合。现实中，企业的经营决策和投资行为必然会受到诸多因素的共同影响，特别是公司治理机制中的众多参与者的影响，但这方面的研究仍待加强和完善。第二，没有结合我国现有的制度环境开展研发投入影响因素的研究。我国的自主创新能力相对落后，企业自主创新能力和研发投入水平都相对较低。随着我国经济结构的调整和国际市场竞争加剧，企业自主创新能力和研发投入水平亟待提升。而目前，一方面国内有关研发投入的相关研究十分有限，形成一致性结论的研究更是少之又少；另一方面与国外的研究相比，我国在高管团队、公司治理与研发投入关系方面的研究尚未充分展开，许多研究问题尚待回答和分析，有关研发投入影响因素的研究有待深入挖掘。

上面我们从两个方面分析和介绍了现有研究的主要不足和有待完善的地方。下面我们将这两个方面的研究不足综合在一起，构建出本书研究的理论基础。

（1）PA 代理问题十分普遍。在第 1 章中，我们指出我国股权结构比较集中，终极控股股东现象比较普遍，控股股东与中小股东之间的代理问题比较严重。与此同时，随着现代企业制度的普及，职业经理人成为我国企业主要的经营者和管理者，股东更多地作为企业的决策者和监督者，这也就意味着股东与管理层的代理问题具有普遍性。

（2）传统高管期权激励计划的不足。股东必须依赖管理层来经营管理企业并实现企业价值最大化。因此，高管激励是企业管理的永恒问题。随着理论研究的深入和现实实践的发展，基于绝对业绩的高管激励措施的实际影响已经受到证实。但在不同的制度环境下，基于绝对业绩的高管激励措施的有效性和普及性存在很大差异。虽然国内学者也尝试分析了高管期权激励计划对企业创新的影响，但这并不能从根本上证明高管期权计划的通用性和重要性。

（3）高管之间薪酬差距的普遍性和有效性。随着相关研究的开展和深入，高管之间薪酬差距的实际影响逐渐被认识和认可。但不同文化背景下的高管之间薪酬差距的实际影响存在很大的差异。现有研究主要集中在西方国家，而鲜有研究分析东方文化背景下高管之间薪酬差距的实际影响。特别是，尚未有研究结合我国目前较为复杂的文化背景分析我国企业内部薪酬差距对企业研发活动的影响，也鲜有研究结合我国现有的制度背景分析和研究不同组织情境下我国企业内部薪酬差距对企业研发活动的影响。

（4）关注企业具体的经营决策。传统的公司治理研究多是关注企业价值或业绩的变化，特别是高管之间薪酬差距的理论分析多关注其对企业价值或业绩的影响，而忽视中间传统环节或内在机制。随着研究的深入，人们逐渐开始解剖企业组织这一"黑箱"，通过分析公司治理对企业经营决策的影响而评估其对企业价值的影响。现有研究多关注企业财务决策，而较少关注具体经营决策。事实上，很多财务决策如股利政策、会计信息披露等经营决策是企业经营活动的成果，而非企业具体的经营活动。本书则从企业具体的经营决策出发，尝试分析和研究双重代理背景下高管激励对研发投入的影响，从企业实际经营决策的角度分析双重代理背景下高管激励的问题。

3

理论模型与研究假设

在上一章中，我们回顾了与本书有关的文献和研究结论，同时我们也发现了现有研究存在的不足。在此基础上，我们首先对我国企业中存在的主要代理问题及利益冲突进行了归纳和总结，指出我国企业中现存代理问题的种类及其影响，之后根据控制权与高管激励冲突的研究文献，建立博弈模型分析和研究终极控制权与高管激励冲突的客观性，并由此进一步推导出终极控制权与激励冲突对研发投入影响的基本命题和研究假设。

3.1 我国企业代理问题的现状

我国企业代理问题的研究始于经济体制改革后，源于我国企业制度的渐进性变革，因此从一开始，我国企业内部代理问题的研究就受到西方经典企业理论和我国企业实践的双重影响。根据研究理论基础和研究视角的不同，我国企业代理问题的研究基本可以划分为以下三个阶段。

3.1.1 第一类代理问题的普遍性

现代企业制度是市场经济体系的基石和核心，因此我国经济体制改革的核心就是推动我国企业现代企业制度的建立，尤其是国有企业现代企业制度的建立。在国企改革的同时，我国私营企业也获得了长足的发展，所以我国形成了非常独特的"二元混合体制"。

1992 年之前，我国国有企业的改革主要是转变经济机制，改革的核心就是解决国有企业管理层的激励问题，所以 1978~1992 年我国国有企业先后采取了利润留成、承包制、奖金制等多种方式。1992 年后，国企改革的方向确定为建立现代企业制度和法人治理结构，公司制或股份制是其主要的实现方式，根本任务是进一步明确国有企业所有权与经营权的分离以及由此产生的委托—代理关系，由此也形成了"内部人控制"现象，国有企业的高管在这一过程中获得相当大的控制权，具体表现就是国有企业管理层（主要是经理）掌握了企业的剩余控制权和剩余索取权。造成这一现象的主要原因有两个方面：一是国有企业的委托—代理链条过长，存在多重委托—代理关系，导致实际所有者无法有效控制国有企业；二是国有企业的"委托人缺位"问题，国有企业为全民所有，但并没有真正的机构能够代表全体人民对国有企业行使委托人的职责。于是，如何有效激励企业管理者，解决国有企业委托代理问题成为社会各界关注的主要问题。特别是在"59 岁"现象频出之后，如何规制管理层行为、解决股东与管理层的代理问题成为国有企业改革的重点。

在国企改革不断深化的同时，其他所有制形式的企业也逐渐发展并壮大起来，多数企业在发展的过程中也逐步开始探索建立符合现代市场竞争需要的内部治理机制，并最终形成了"股东大会—董事会—治理层"这样的内部治理结构，所以我国企业普遍存在着股东与管理层之间委托—代理关系。

代理理论认为，股权分散造成所有权与经营权分离，从而导致管理者的利益与股东的利益并不一致，所以企业管理者会谋取私利，而不是追求股东利益最大化。因此，当时公司治理理论主要解决的是管理层与股东利益协调和统一的问题，如何激励管理层努力追求股东利益的最大化成为公司治理的核心问题。这一研究范式认为股东与管理层的代理问题是我国国有企业的核心问题。其中，代理理论还指出：公司股权高度分散导致管理者几乎完全控制了公司的经营决策权，而且高度分散的股东并不会积极地监督管理者，因此大股东的存在有利于加强对管理层的监督，从而有助于降低股东和管理层的代理成本，同时在一定程度上也解决了小股东与管理层之间的代理问题，所以大股东的存在对于解决股东与管理层的代理问题有积极的作用。

总的来说，由于代理理论的影响和现实问题的紧迫性，我国企业内部代理问题的研究主要集中在股东与管理层的代理问题上。

3.1.2 高管期权计划的稀缺性

2005 年之前，我国企业也曾尝试过高管期权激励计划，但因为相关制度不完备，尝试一段时间后便弃之不用。直到 2005 年，我国政府正式出台了《上市公司股权激励管理办法（试行）》。2006 年，国务院国资委颁布了《国有控股上市公司（境内）实施股权激励试行办法》对国有企业实施高管期权计划进行了规范。随着相关制度的完备，我国开始采用高管期权计划的上市公司数量有所上升，同时发布高管期权计划预案的上市公司的占比也呈逐年递增的情况。由图 3-1 可知，从 2006~2015 年，我国发布高管期权计划预案的上市公司数量已经从最初的 43 家增长到 201 家，发布高管期权计划的上市公司占比也从 2006 年的 3%左右增长到 2015 年的 7%以上。由此可见，高管期权计划已经逐渐成为我国上市公司主要的激励手段。

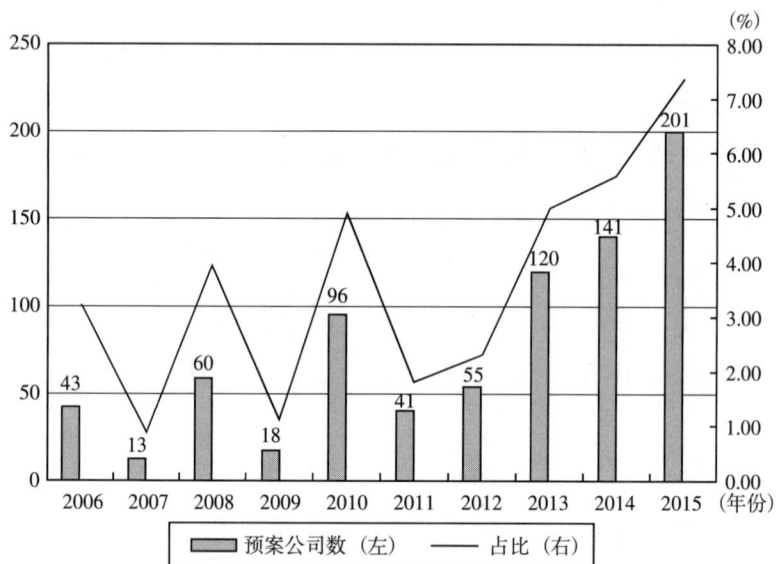

图 3-1　2006~2015 年我国发布高管期权计划预案的上市公司数量及占比

但实际上，由于我国股市波动较大，相关上市公司的股价波动较大，从高管期权计划的预案发布到高管期权计划正式方案通过的时间较长，这些因素都使得发布预案的多数上市公司最后并未真正实行高管期权计划。基于图 3-1 的数据可知，实际上最终真正实施高管期权计划的上市公司数量和占比显著减少。由此可见，虽然我国上市公司实施高管期权计划已经不存在相关的制度障碍，但基于我国资本市场的实际情况和运行特点，高管期权计划的实施数量和占比仍保持在较低的水平。特别是 2016 年以后，随着相关制度的完备和成功案例的增加，尤其是现代公司治理理念的逐步普及，我国上市公司实行高管期权计划的热情较高，各年发布高管期权计划预案的上市公司数量不断增加，但实际最终实施高管期权计划的案例仍相对有限。总之，到目前为止，在我国，高管期权计划已经大面积推广和普及。如何有效激励高管从而缓解研发活动中的代理问题仍是我国企业面临的一个重要问题。

特别是如前所述，研发活动本身的特点会进一步加重传统的委托—代理问题。如何有效协调高管与股东的利益和风险分歧，实现企业研发活动和创新能力的长久提升也是一个十分重要的理论问题。

3.1.3　普遍存在的企业内部薪酬差距

随着市场经济的建立和发展，按劳分配制度已经成为我国居民收入的主要分配方式，由此薪酬差距或者说是收入差距已经成为社会普遍存在的一个现象。对此，社会各界也多有非议和诟病，众说纷纭，赞成者有之，否定者有之。实际上，薪酬差距是现代市场经济的必然结果，故而具有普遍性。既有因行业差异而存在的行业之间薪酬差距，也有因地区位置不同而存在的地区之间的薪酬差距。同时也存在因企业不同而导致的企业之间的薪酬差距，也存在因职位不同而普遍存在的企业内部的薪酬差距。对于薪酬差距的议论和评价，需要结合不同的类型，具体问题具体分析。企业层面的薪酬差距主要包括两类：

企业之间的薪酬差距和企业内部的薪酬差距，而企业内部薪酬差距则又可以分为企业内部不同层级岗位之间的垂直薪酬差距和企业内部同一层级岗位之间的水平薪酬差距，如图 3-2 所示。

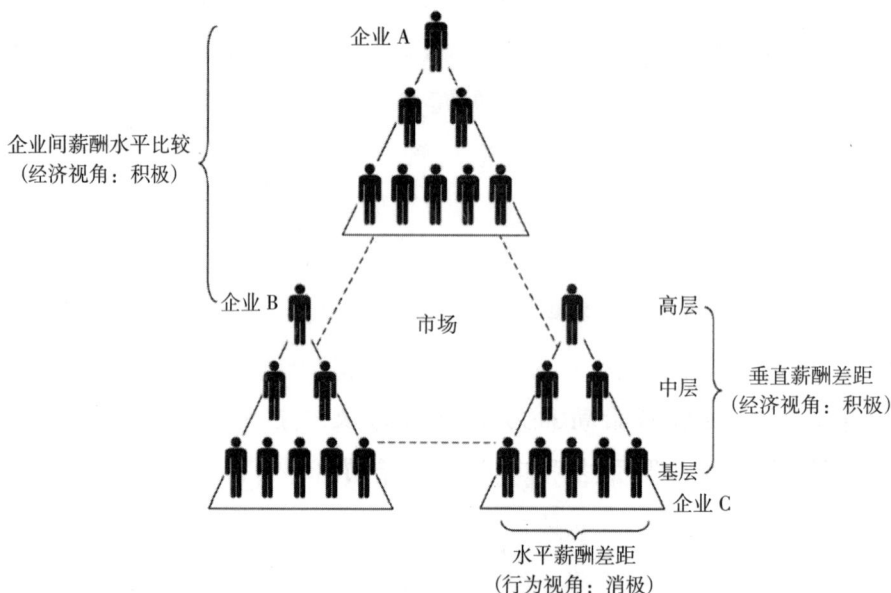

图 3-2 企业层面的薪酬差距种类

实际上，除了分配制度运行使然之外，企业内部薪酬差距的结果也是人力资本定价和金字塔式组织结构的结果。虽然岗位相同，但从事岗位的人会存在年龄、学历、经验、性别、履历等诸多方面的差异，故而岗位薪酬必然因为这些因素的不同而有所不同。至于企业内部不同级别之间存在的垂直薪酬差距既是上述人力资本差异的表现，也是金字塔式组织结构所造成的级差式薪酬体系的必然结果。一般而言，随着组织层级的升高，岗位职能和工作压力也会随着提高，对从事岗位的人也提出更多的要求，故而不同岗位之间因为工作内容和工作要求的差异必然存在上下级之间的薪酬差距。同时，更为重要的是，为了维持整个组织的吸引力和组织框架的稳定性，不同层级之间的薪酬差距往往会大于其能力差距，也就是说上下级之间的薪酬差距要远远高于其所反映的能力差距，之所以这样是因为由下而上的晋升并未确定发生，存在很大的风险。为了弥补这一不确定性，故而需要增加上下级之间的薪酬溢价，由此才能使组织结构对下级员工产生足够的吸引力，从而增强企业组织的吸引力和向心力。因此，不论任何国度或任何地区，抑或任何组织和团队，随着金字塔式组织结构的采用，级差式薪酬体系是一个普遍存在的现象。

对于企业高管而言，这一现象就越发严重且明显。随着组织层级的提升，竞争对手的能力和水平显著提升，普通高管的基本薪酬也是水涨船高。为了吸引高级人才，同时也为了增强组织的凝聚力、吸引力和向心力，企业必须对高管晋升比赛的胜利者进行高额的奖励，这一奖励必须非常丰厚才能保证企业对高管的吸引力。否则，企业高管会重新选择企业以获得较高的报酬。由此，企业内部高管之间的薪酬差距因为人力资本、组织吸引力、风险溢价等诸多原因而十分显著。而且由于经理人市场的进一步影响，所有企业都普遍存在巨大的高管之间薪酬差距。所以，不论社会舆论如何评价，企业内部高管之间巨大的薪酬差距已经成为一个十分普遍的现象。国有企业也是如此。众所周知，国有企业的高管薪酬总额受到相关政府部门的控制，但国企高管之间的垂直薪酬差距仍十分显著，加之国企高管所享有的在职消费等物质变现手段，综合来看国有企业高管之间的薪酬差距也十分显著。所以，与高管期权计划不同，源自金字塔式组织层级的高管之间薪酬差距已经成为一个十分普遍的现象。而且，不论是否属于国企，这一现象都客观存在。

3.2　高管之间薪酬差距的影响分析模型

3.2.1　基本模型分析

3.2.1.1　前提假设

假设一个公司只有两个组织层级：一个 CEO（总经理）和三个以上的 VP 级高管（副总经理）。公司并不了解各 VP 级高管的才能优劣，但可以通过观察其最终业绩的好坏来推测 VP 级高管的才能高低。CEO 负责企业所有的经营决策，特别是对于新项目具有一票否决权，而且 CEO 对新项目的选择主要依赖自身的私有信息。如果 CEO 对新项目做出决策，那么这些新项目就会成为未来一个阶段的"企业经营战略"。在 CEO 对"企业经营战略"做出选择后，各 VP 级高管从中选择各自负责的具体项目。由此，企业年末回报就是各 VP 级高管所负责项目回报的总和。各个 VP 级高管所负责具体项目的最终回报则由四个要素共同决定：分别是 CEO 的个人能力、CEO 的"企业经营战略"的选择、VP 级高管的个人能力和 VP 级高管所负责项目的具体风险。

一般认为，股东是风险中立者，作为代理人的 CEO 和 VP 级高管是厌恶风险的，而且其效用函数为 von Neumann–Morgenstern 效用函数。同时，假设 CEO 的能力为 A_0，VP 级高管 i 的能力为 A_i。VP 级高管彼此之间并不知道对方的能力优劣，故而在开始阶段假设所有 VP 级高管的能力是一样的，并无差异。每个 VP 级高管在第一阶段都选了具体的项目，每个项目也都有对应的风险水平。而且，VP级高管 i 的项目风险水平 $R_i \in [0, R_{max}]$，这一特点仅自己了解而其他 VP 级高管并不知道。各 VP 级高管所负责项目的初始投资是相同的，其项目回报 y_i。

$$y_i = \alpha + x_i$$

其中，α 为社会平均回报，各 VP 级高管负责的每个项目的平均回报和全社会平均回报相一致。x_i 为各 VP 级高管 i 所负责的项目的具体回报。CEO 所选择的"企业经营战略"的各个项目具体回报总和 $X = \{x_1, \cdots, x_n\}$，各 VP 级高管所负责项目回报的概率密度函数为 $f(x_i; R_i, A_i, A_0)$，这一概率密度函数由项目风险水平 R_i、CEO 的能力 A_0 和 VP 级高管的能力 A_i 共同决定，其对应的累计密度函数为 F。由此，我们可以得到某 VP 级高管 i 的概率密度函数为：

$$f(x; R) = E[f(x_i; R_i, A_i, A_0)]$$

函数 f 满足以下三个条件：第一，其符合单调似然率特征。换言之，如果 $A_L < A_H$，那么 $f(x; R, A_L, A_0)/f(x; R, A_H, A_0)$ 随着 x 的增加而递减，这就意味着一个具有较高能力的 VP 级高管会获得较高的回报。第二，函数 $f(x; R)$ 是对称的，也就是 $f(x; R) = f(-x; R)$。第三，项目回报随项目风险增加而增加。也就是如果 $R_H > R_L$ 且 $x < 0$，那么 $F(x; R_H) > F(x; R_L)$。而如果 $R_H > R_L$ 且 $x > 0$，那么 $F(x; R_H) < F(x; R_L)$。

高管报酬符合最优契约理论，也就是说能力较高的高管的最终回报也较高。在一个竞争性的经理人市场中，高管薪酬与其能力高度相关。由此，本书假设高管 i 的报酬 $w(E[A_i])$ 是其能力 A_i 的递增函数。

CEO 领导企业并设定企业的发展方向，故而会影响到所有高管所负责项目的回报前景。由此，本书假设所有项目的回报 y_i

中的 α 主要由 CEO 所指定的"企业经营战略"所决定。CEO 的能力 A_0 会影响到概率密度函数 $f(x;R)$，所以概率密度累计函数 F 对 A_0 的倒数 $\partial F(y_i|\cdots,\cdots,\cdots)$，$\partial A_0 < 0 \forall i$。这就意味着较高的能力产生较高的项目回报。企业的总回报 $Y = \sum_{i=1}^{n} y_i = na + \sum_{i=1}^{n} x_i$。

3.2.1.2 模型分析

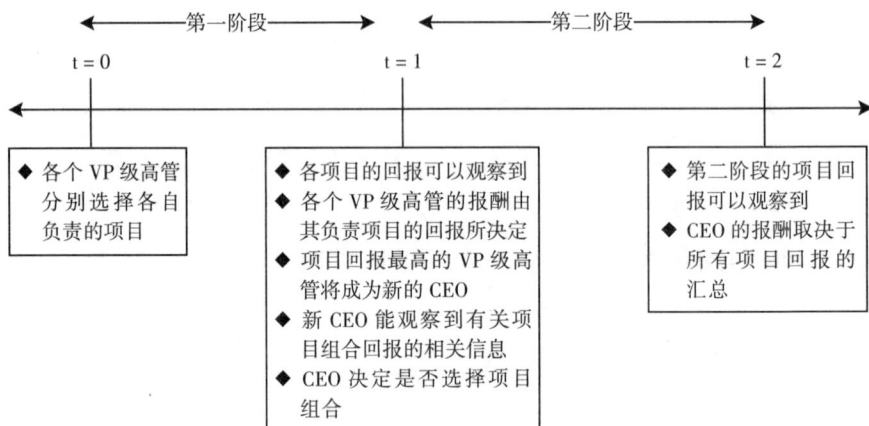

图 3-3 经典晋升模型

所有的 VP 级高管都是理性的。每个 VP 级高管的风险选择主要取决于报酬契约和具体项目的回报 x_i，而不受 CEO 的能力和其所选经营战略的影响。由此，本书尝试分析以下三种情况的高管风险偏好选择的差异：①当所有 VP 级高管的能力已知时；②当所有 VP 级高管的能力未知且没有晋升激励时；③当所有 VP 级高管的能力未知且有晋升激励时。

第一，当所有 VP 级高管的能力已知时。

VP 级高管的报酬由其能力决定，且因为没有道德风险故而不受项目回报的影响。此时，每个 VP 级高管都会按照股东的利益诉求去决定项目风险水平以便使股东利益最大化。如果高管能力和项目风险共同决定项目回报水平的话，具有不同能力的高管所选择的项目风险水平也不同，其项目的最终回报也必然不同。根据之前假定的推算，VP 级高管 i 的项目回报函数应该是 $k_1 A_i R_i^2/3 + \alpha$。为了使项目回报最大化，任何能力 $A_i > 0$ 的 VP 级高管都会选择 $R_i = R_{max}$。但如果 VP 级高管的能力较弱 $A_i < 0$，此时其最优的选择是 $R_i = 0$。换言之，VP 级高管的风险选择水平随着能力的提高而提高。由于之前假设所有的 VP 级高管的能力一样，故而所有 VP 级高管的风险选择也是一样的。

第二，当所有 VP 级高管的能力未知且不存在晋升激励时。

此时，每个 VP 级高管的能力未知，故而其具体的风险选择也是未知的，不过每个 VP 级高管的能力可以由其所负责项目的最终回报推断出来。在没有明确的晋升激励时，VP 级高管 i 的主要目标是获得较高的薪酬，而 VP 级高管 i 的薪酬 $w(y_i)$ 取决于所负责项目的最终回报。每个 VP 级高管主要是依据其薪酬函数做出相应风险选择。由于每个 VP 级高管的能力未知，故而只能假设每个 VP 级高管的效用函数是相同的，其具体报酬效用函数取决于自身的能力和其他高管的能力。

$$U_i = E[u(w_i(X)|R_i, \hat{R})]$$

其中，$\hat{R}$ 是 VP 级高管 i 对其他 VP 级高管风险选择的推断。由于所有 VP 级高管面对相同的问题，故而所有 VP 级高管的风险选择也是相同的 R_0。

第三，当所有 VP 级高管的能力未知且存在晋升激励时。

此时，如图 3-3 所示，在第一阶段末有明确的晋升激励，也就是原 CEO 会退休，公司需要选拔能力最好的 VP 级高管出任新的 CEO。由于之前假设所有 VP 级高管的能力相同，且项目回报的概率密度函数具有单调似然率特征，所以能力最高的 VP 级高管的项目回报最好，也最有可能被提拔为新的 CEO。

假设 VP 级高管 i 的风险偏好选择为 R，其他竞争对手的风险偏好选择 $\hat{R} < R$，那么 VP 级高管 i 被提高的概率为：

$$P_i = P_r(x_i > x_j \ \forall j \neq i) = \int_{-\infty}^{\infty} \{1 - F(x, R)\} \bar{F}(x) dx$$

其中，$\bar{f}(x)$ 是竞争对手 $x_2, \cdots, x_n$ 的最大概率密度函数。对上述函数进行变形和转换后可以得到如下公式：

$$P_i = \int_{-\infty}^{\infty} \{1 - F(x, R)\} \bar{f}(x) dx + \int_{-\infty}^{\infty} \{F(x, \hat{R}) - F(x, R)\} \bar{f}(x) dx$$

由于 $F(-x, \hat{R}) - F(-x, R) = 1 - F(x, \hat{R}) - 1 + F(x, R) = -\{F(x, \hat{R}) - F(x, R)\}$，且当 $x > 0$ 且 $n = 2$ 时，$F(x, \hat{R}) - F(x, R) > 0$ 且 $\bar{f}(x) = \bar{f}(-x)$；当 $x > 0$ 且 $n > 2$ 时，则 $\bar{f}(x) = \frac{d}{dx}\{F(x)\}^{n-1} = (n-1)\{F(x)\}^{n-2} f(x) > (n-1)\{F(-x)\}^{n-2} f(-x) = \bar{f}(-x)$。由此，可得：

$$P_i = \frac{1}{n} + \int_0^{\infty} (F(x, \hat{R}) - F(x, R))\{\bar{f}(x) - \bar{f}(-x)\} dx \geq \frac{1}{n}$$

从上式可以推导出以下定理：

定理 1：如果 VP 级高管 i 选择了高于竞争对手的风险偏好，那么 VP 级高管 i 的晋升概率 $P_i > 1/n$，其中 $1/n$ 是所有 VP 级高管选择相同的风险而可能被提拔为 CEO 的概率。

由定理 1 可知，每个 VP 级高管可以通过增加风险偏好来提高自身的晋升可能，这是因为：每个 VP 级高管选择相同的风险，其所负责项目的最终回报的概率也是相同的。如果 VP 级高管 i 选择一个较高的风险，那么高管 i 的项目回报也较高，自然其晋升为 CEO 的概率也会提高。由于项目风险选择不可观察，故而高管 i 较好的业绩会被归功于能力。因此，当存在晋升激励时，较高的风险偏好选择会导致较好的业绩，并最终提高其晋升概率。

假设股东希望所有的 VP 级高管都选择 R_b 的风险偏好，而实际上多数 VP 级高管都想选择 R_b 的风险偏好，但 VP 级高管 i 选择 R 的风险偏好。$E_L[u_i|R，R_b]$ 代表当晋升奖励 $B_L \geqslant 0$ 时 VP 级高管 i 的期望效用，而 $E_H[u_i|R，R_b]$ 代表晋升奖励 $B_H \geqslant B_L$ 时 VP 级高管 i 的期望效用。

$$E_H[u_i|R，R_b] - E_L[u_i|R，R_b] = (B_H - B_L)\int_{-\infty}^{\infty}\{1 - F(x，r)\}\bar{f}(x)$$
dx

对上述等式求导，并令 $R = R_b$，则可得：

$$\frac{d}{dR}E_H[u_i|R，R_b]|_{R=R_b} - \frac{d}{dR}E_L[u_i|R，R_b]|_{R=R_b}$$
$$= -(B_H - B_L)\int_{-\infty}^{\infty}\frac{dF(x，R_b)}{dR_b}\bar{f}(x)dx$$

根据定理 1，同时当 x>0 时，$dF(x，R_b)/dR_b < 0$，则可得：

$$= -(B_H - B_L)\int_{0}^{\infty}\frac{dF(x，R_b)}{dR_b}\{\bar{f}(x) - \bar{f}(-x)\}dx > 0$$

R_b 是晋升激励为 B_L 时的 VP 级高管的风险偏好选择。但当晋升激励是 $B_H \geqslant B_L$ 时，其他 VP 级高管仍选择原来的风险偏好水平 R_b，而 VP 级高管 i 选择的风险偏好水平必然是高于 R_b 的。由此，晋升激励会导致每个高管都会根据其他高管的风险偏好选择来确定自己的风险选择，加之高管的风险偏好选择函数是竞争对手的风险偏好选择的连续函数，所以可以得到以下命题。

命题 1：当 VP 级高管竞争 CEO 时，他们的风险选择 $R^\dagger$ 会显著高于没有晋升激励时的水平 R_0。而且 VP 级高管的风险选择 $R^\dagger$ 会随着晋升激励的收益显著增加。

3.2.2　基于"公平偏好"模型分析

上述的企业内部晋升模型是基于个人主义文化。但实际上，我国受儒家传统文化的影响，集体主义思想源远流长，平均主义观念深入人心。与个人主义文化不同，集体主义文化强调"集体价值"和"集体贡献"，在分配时更注重"整体的公平性"而非"个体的奖励"，因此集体主义文化背景下的 VP 级高管晋升的效用函数与之前有所不同：公平偏好。借鉴 Fehr 和 Schmidt（1999）提出的简单效用函数来分析"公平偏好"下晋升激励模型的实际影响。

3.2.2.1　前提假设

我们假设一个 CEO 和 n 个 VP 级高管参与锦标赛（n > 2），基本过程如前所述。那么，每个 VP 级高管所负责项目的回报包括三部分：CEO 的影响、个人努力和随机部分。

$$y_i = \alpha + f(e_i) + \varepsilon_i$$

其中，e_i 是每个 VP 级高管的个人努力，$f(e_i)$ 是 VP 级高管努力的效用凹函数。同时，各个 VP 级高管的个人努力为 $C(e_i)$，且个人努力成本边际效用递增，$c'(e_i) > 0$、$c''(e_i) > 0$。VP 级高管中所负责项目的回报最高的那个 VP 将被提拔为 CEO，并获得相应的加薪。对于每一个参与锦标赛的具有"公平偏好"的 VP 级高管而言，其晋升成功和失败可能会产生两种不同的心理影响：如果成功其获得加薪而其他 VP 都没有加薪，"公平主义"偏好会导致晋升的 VP 级高管对其他高管产生同情心，进而减少晋升

VP 级的个人效用；如果其没有晋升，"公平偏好"会导致失败的 VP 级产生嫉妒心理，进而也会减少其个人效用。所以，借用 Fehr 和 Schmidt（1999）的效用函数，参与锦标赛的 VP 级高管的个人效用函数为：

$$u_i = w_i - \alpha \max(w_{CEO} - w_i;\ 0) - \beta_{max}(w_{CEO} - w_i;\ 0) - C(e_i)$$

其中，w_{CEO} 表示晋升为 CEO 后的报酬水平，w_i 表示 VP 级高管目前的报酬水平。同时，"公平偏好"下晋升失败可能产生的嫉妒效应使得其个人效用减少 α，而晋升成功可能产生的同情效应时期个人效用减少 β。只有一个 VP 级高管会成功，而多数 VP 级高管都会失败，故而有 $\alpha > \beta$。同时，晋升成功的同情效应也不会完全抵消晋升激励的效果，所以 $\beta \leqslant 1$。

对于每一个参与锦标赛的 VP 级高管而言，其面临两种可能即晋升成功和晋升失败。当其晋升成功时，其个人收益为 $u_i^w = w_i - \beta(w_{CEO} - w_i) - C(e_i)$；当其晋升失败时，其个人收益为 $u_i^l = w_i - \alpha(w_{CEO} - w_i) - C(e_i)$。

3.2.2.2 "公平偏好"下的模型分析

本文假设 VP 级高管 i 晋升成功，则意味着 y_i 是最高的，由此 VP 级高管 i 才能顺利晋升为 CEO，即 $\Pr(y_i > y_i \forall i \neq j) = \Pr\{\varepsilon_i - \varepsilon_j > f(e_j) - f(e_i)\}$。

令 $G(\cdot)$ 和 $g(\cdot)$ 分别代表随机变量 $\varepsilon_i - \varepsilon_j$ 的概率分布函数和概率密度函数。由此，VP 级高管 i 晋升概率为 $1 - G(f(e_j) - f(e_i)) = G(f(e_i) - f(e_j))$，则此时 VP 级高管 i 的期望效用为：

$$\begin{aligned}
EU_i(e_i) &= G(f(e_j) - f(e_i))[w_i - \beta(w_{CEO} - w_i) - C(e_i)] \\
&\quad + (1 - G(f(e_j) - f(e_i)))[w_i - \alpha(w_{CEO} - w_i) - C(e_i)]w_i \\
&= w_i - \alpha(w_{CEO} - w_i) + G(f(e_i) - f(e_j))[(w_{CEO} - w_i) \\
&\quad (1 - \beta + \alpha)] - C(e_i)
\end{aligned}$$

将上述公司对 e_i 求一阶导数可得：

$$g(f(e_i)-f(e_j))f'(e_i)[(w_{CEO}-w_i)(1-\beta+\alpha)]-C'(e_i)=0$$

整理上述公式可得：

$$\frac{C'(e_i)}{f'(e_i)}=g(f(e_i)-f(e_j))[(w_{CEO}-w_i)(1-\beta+\alpha)]$$

由于 $g(\cdot)$ 代表随机变量 $\varepsilon_i-\varepsilon_j$ 的概率密度函数，所以 $g(f(e_i)-f(e_j))>0$。同时，$(w_{CEO}-w_i)$ 表示 CEO 与 VP 级高管之间的报酬差异，一般情况下也大于 0。而之前的假设中，$\alpha>\beta>0$，$\beta\leqslant1$，故而 $(1-\beta+\alpha)>0$。由此可得：

$$\frac{C'(e_i)}{f'(e_i)}=g(f(e_i)-f(e_j))[(w_{CEO}-w_i)(1-\beta+\alpha)]>0$$

从上述计算结果可知，即便存在晋升激励，但在"公平偏好"的影响下，VP 级高管 i 的成本函数和收益函数都会随着努力程度的提高而提高，但成本函数的增速会显著高于其收益函数的增速。基于理性人假设，此时 VP 级高管 i 最优的策略则是减少努力程度，从而减少自身的成本函数，提高自身的成本收益比。由此得到本文的命题 2。

命题 2：当 VP 级高管竞争 CEO 时，他们的"公平偏好"会减少他们的努力程度。具体而言，"公平偏好"使得 VP 级高管尽可能减少自身的努力程度，此时晋升激励对风险选择水平 R^* 的影响会被公平偏好所扭曲。

3.3 研究假设的提出

根据前面两节所提出的命题，并结合现有的相关研究文献，我们提出本书的研究假设，首先提出控制权以及管理层激励分别对研发投入的影响的基本假设，之后再进一步提出控制权与激励冲突对研发投入影响的相关假设。

3.3.1 高管之间薪酬差距对研发投入的影响

研发活动具有"长期化、高风险、易失败"的特点，故而适合研发活动的激励措施需有"长期视野"、允许失败的同时保证高管职位安全。那么，追求短期收益、不能容忍失败且无法保证高管职位安全的股权激励并不适合企业研发活动。相比较而言，企业内部薪酬差距激励更适合企业研发活动，因为企业内部晋升的"多轮淘汰"机制能够容忍高管失败且使参赛高管更加关注长期绩效，而"择优不劣汰"的选拔方式也保证了失败高管的职位安全（Lazear 和 Rosen，1981）。换言之，股东会选择业绩排名最前的 VP 晋升为 CEO，竞赛失败的 VP 级高管则继续担任原有职位。于是，为了获得晋升和加薪，所有参与选拔赛的 VP 级高管普遍会提高自身的风险偏好、增加冒险行为，所以 CEO 与 VP 级高管的薪酬差距可以显著改变 VP 级高管的风险偏好（Goel 和 Thakor，2008）。事实上，CEO 与 VP 级高管之间的薪酬差距主要是用来改变 VP 级高管的态度和偏好。根据高阶梯队理论，作为 TMT 核心成员的 VP 级高管的态度和偏好必然会影响到企业研发投入这样的经营决策。目前，对于 CEO 与 VP 级高管的薪酬差距对 VP 级高管的风险偏好和冒险行为的影响存在着两种截然不同的观点：锦标理论和公平理论。

锦标理论认为，股东会选择锦标赛中业绩最好的 VP 级高管成为 CEO。当风险与业绩高度相关时，参与锦标赛的 VP 级高管们会自愿提高风险偏好以期获得最优的业绩排名、晋升机会和加薪。而且，CEO 与 VP 级高管的薪酬差距越大，VP 级高管采取冒险行为的动机会越强，唯有如此才能使其获得相对更好的业绩和晋升机会。每一个 VP 都会如此判断和行动，当每个 VP 级高管都提高风险偏好、增加冒险行为时，整个企业的风险偏好度也会显著提升。也就是说，CEO 与 VP 级高管的薪酬差距会使整个企业的风险偏好和冒险行为显著增加。研发活动是企业的冒险行为之一，CEO 与 VP 级高管的薪酬差距自然会导致 VP 级高管开展更多的研发活动。

而公平理论认为，人们既关注薪酬绝对水平，也关注薪酬相对水平（薪酬公平）。也就是说，人人都在乎公平，而且会通过与他人的比较来判断是否被公平对待。当感到公平时，其努力程度会提高。因此，公平能够产生激励效应。但如果感到不公平时，就会减少努力和付出，采取自利行为。现有研究发现，CEO 与 VP 级高管之间的薪酬差距是企业内部薪酬差距体系中最大的，这一人为设置的巨大薪酬差距会使得 VP 级高管产生"薪酬不公平"的感受，并引起 VP 级高管的自利动机和行为。减少高风险的研发投入对厌恶风险的 VP 级高管是一项十分自然而隐蔽的自利行为。由此，CEO 与 VP 级高管的薪酬差距会使得 VP 级高管减少企业研发投入。基于以上分析，本书提出如下假设：

H1a：基于锦标理论，CEO 与 VP 级高管的薪酬差距与企业研发投入显著正相关

H1b：基于公平理论，CEO 与 VP 级高管的薪酬差距与企业研发投入显著负相关

3.3.2 企业规模的调节效应

实际上，企业高管之间的薪酬差距会受到诸多因素的影响，

其中企业规模对企业高管之间薪酬差距水平的积极影响十分显著（林浚清等，2003）。企业规模的扩大意味着组织机构和部门的增加，自然也就意味着 VP 级高管人数的增加，VP 级高管人数的增加会提高晋升比赛的难度并降低 VP 级高管成功晋级的概率。如果仅维持原有的 CEO 与 VP 级高管的薪酬差距，那么 VP 级高管在综合衡量晋升概率、晋升后的收益和晋升过程中的努力后很可能会采取偷懒的策略而不真正参加比赛。为了避免这一代理问题，规模较大的企业会刻意提高 CEO 的报酬，增大 CEO 与 VP 级高管的薪酬差距以保证 VP 级高管愿意且真正参赛。所以，企业规模与高管之间薪酬差距显著正相关。即企业规模越大，其高管之间的薪酬差距也越大；企业规模较小，则其高管之间的薪酬差距也较小。当 CEO 与 VP 级高管的薪酬差距随着企业规模的大小而改变时，不论是基于锦标理论，还是公平理论，CEO 与 VP 级高管的薪酬差距对企业研发投入的影响都会随之改变。由此，本书提出如下假设：

H2a：企业规模会显著影响 CEO 与 VP 级高管的薪酬差距与企业研发投入之间的关系

如前所述，企业高管之间的薪酬差距会随着企业规模的大小而增减（刘子君等，2011），但随着"限薪令"的推出，在国有企业和民营企业中这一情况会有所不同。实际上，我国国企经理人薪酬尚未完全市场化，还是受到政府管制。特别是自 2009 年以来，我国各级政府连续多次发布了对国企高管薪酬规模及其差距水平进行控制的"限薪令"，这些政策明确规定了国有企业高管之间薪酬差距的最大范围。所以，"限薪令"使得国有企业高管之间的薪酬差距水平并不会随企业规模的大小而有所浮动。与之相反，民企高管薪酬完全市场化，且不存在"限薪令"的约束，所以民营企业高管之间的薪酬差距可以随企业规模的大小而有所改变。高管薪酬是否受"限薪令"管制这一因素会产生以下影响：第一，不论规模大小，"限薪令"发布后的国有企业 CEO 与 VP 级高管的薪酬差距都会较"限薪令"发布前有所减少或者增长变缓；第二，规模相同或相近的国有企业和民营企业的 CEO 与 VP 级高管的薪酬差距明显不同。一般而言，受到"限薪令"管制的国企 CEO 与 VP 级高管的薪酬差距会小于民营企业。综上所述，企业规模对 CEO 与 VP 级高管的薪酬差距与企业研发投入之间关系的影响在国有企业和民营企业中会有所不同。由此，本书提出如下假设：

H2b：企业规模对 CEO 与 VP 级高管的薪酬差距与企业研发投入之间关系的影响在国有企业和民营企业中有所不同

3.3.3 产权性质的调节效应

国有企业经理人薪酬并未完全市场化，在一定程度上仍受到政府管制，特别是近几年来实行的国企高管限薪政策和国企高管之间薪酬差距的刻意压制政策，不仅直接降低了国企高管的薪酬，还减少了 CEO 与 VP 之间的薪酬差距。结合之前的分析，"限薪令"既可能削弱国企 VP 级高管晋升的锦标激励效应，也可能增强国企 VP 级高管晋升的公平激励效应。此外，国企高管都有一定的行政级别，并有可能获得政治晋升。在我国现有的体制下，政治晋升所获得的政治地位和待遇对国企高管的吸引力和重要性远大于企业内部晋升所获得的经济收益，因此国企高管潜在的政治晋升必然会削弱 VP 级高管内部晋升激励的效果。与之相反，民营企业 CEO 与 VP 级高管的薪酬差距既不会受到"限薪令"的影响，也不会受到"政治晋升"的影响。基于以上分析，本书提出如下假设：

H3a：CEO 与 VP 级高管的薪酬差距对企业研发投入的影响在产权性质不同的企业中有所不同，即 CEO 与 VP 级高管的薪酬差距对企业研发投入的影响在国企和民企中有所不同

高管晋升标准的客观化是晋升激励有效的前提条件之一。政府干预会将晋升的排名标准由原来的经营业绩排名改变为政治关系紧密程度的排名。在晋升标准变得主观化后，隶属于不同政府层级的国企高管的晋升评价机制还会被差异化执行，所以隶属于不同政府层级的国企高管晋升的标准也有所不同。张霖琳等（2015）研究发现，在相对独立、市场化程度较高的央企中，其高管晋升标准以高管的业绩表现和个人能力为主；而在省属国企和市县级国企中，其高管晋升标准则主要以高管的政治关系资源或对政策性负担的承担情况。这就意味着，不同层级的政府干预对国企高管晋升标准的扭曲程度不同。相应地，隶属于不同政府层级的国企 CEO 与 VP 级高管的薪酬差距受到的影响也有所不同。基于以上分析，本书提出如下假设：

H3b：CEO 与 VP 级高管的薪酬差距对企业研发投入的影响在央企、省属国企和地市级国企中有所不同

3.3.4　超额控制权的调节效应

3.3.4.1　超额控制权与研发投入

公司股权集中度较高导致实际控制人的存在，终极控股股东往往通过金字塔、交叉持股等方式来控制企业，由此会形成控股股东的现金流权与控制权的不对等，即控股股东以较少的资源投入控制较大的资源规模，控股股东享有的控制权远远高于其所有权，出现了超额控制权的现象。出于私人利益的考虑，

终极控股股东往往会"掏空"企业来"掠夺"其他股东的利益，这样必然会损害企业的绩效，即产生终极控股股东的壕沟效应。

为了实现超额控制权的私人收益，终极控制股东必然会掠夺其他股东的利益，由此壕沟效应将会影响到盈利水平、公司治理、负债水平、现金流量等要素，而已有研究表明上述要素都会影响到企业的研发投入。首先，控股股东的壕沟效应导致企业盈利水平的下降，而盈利水平的降低直接影响到研发投入（徐侠等，2008）。其次，李维安和钱先航（2010）、马磊和徐向艺（2010）的研究也发现，超额控制权会危害到公司治理，特别是通过董事会机制来影响公司治理效率，公司治理也会影响到企业研发投入。再次，孙健（2008）、苏坤和杨淑娥（2009）研究发现，两权分离度与公司负债水平显著正相关，特别是涂瑞和肖作平（2010）的研究发现，两权分离度与短期负债显著正相关。实际上，不论是整体负债水平，还是短期负债水平，负债水平的上升会显著降低企业的研发投入。最后，沈艺峰等（2008）、罗琦和胡志强（2011）发现两权分离度会降低企业所持现金的价值，而且也会导致资金占用的增加，现金流的减少会直接影响研发投入。此外，刘星等（2010）的研究发现，两权分离度与企业资本的配置效率负相关，并且由于大股东侵占而对风险性资产产生非效率挤占是导致上市企业资本配置行为扭曲的一个重要动因。因此，两权分离度会通过以上几个方面影响到企业的研发投入，由此我们提出如下假设：

H4a：超额控制权与研发投入显著负相关

3.3.4.2　薪酬差距激励与研发投入

研发活动或研发投入对企业的重要性已经被广泛认可并接受，但企业的管理者并没有积极从事研发活动，这是因为研发活动具有较高的不确定性和风险，而且其往往是当期投入而未来收益（Rosenberg，1996；Mansfield，1968），因此会影响企业的当期业绩并进而影响管理层的考评及报酬。所以，代理理论认为，由于研发活动的风险大、周期长，加之管理者习惯规避风险，特别是当管理者的报酬与当期业绩挂钩时，管理者往往会拒绝进行高风险的研发活动来保证自己的收益。这时，就需要设置相关的激励机制，改变管理者的短期行为，引导管理者进行研发活动。

锦标理论认为，基于相对业绩评价的薪酬差距也会对代理人产生显著的激励效果（陈霞、段兴民，2004），这是因为：只有相对业绩最佳的代理人能够获得竞赛奖金即薪酬差距，所以，为了得到较高的职位和竞赛奖金（薪酬差距），管理者必然会减少偷懒和"搭便车"行为，提高努力程度，这样就会提升组织绩效。同时，较高的报酬特别是 CEO 层级与 VP（副总）层级的巨大薪酬差距能够吸引市场上较好的人才，这样会保证锦标赛的竞争性，有利于组织绩效的持续提升（Bishop，1987）。再者，"连续淘汰赛"（Sequential Elimination Tournament）这一机制也强化了代理人的努力程度和持久性，最终也会提升组织绩效。最新的研究发现，当代理人的行为难以观察时，或者委托人的监督成本较高时，基于相对业绩评价的薪酬差距奖励能够有效地激励代理人提高自身的努力程度，降低代理成本，提高企业的组织绩效。因此，薪酬差距这一措施具有十分显著的激励效应。

由于研发活动具有"风险高、周期长"的特点，所以薪酬差距对研发活动的激励效应还存在以下几种传导路径：①高管的风险承受能力。众所周知，研发活动具有较高的风险（Rosen-berg，1996），而高管的风险偏好就决定了其对研发活动的支持程度。 Becker 和 Huselid （1992） 指出，薪酬差距会增加竞赛者的风险活动 （risk-taking）、Siegel 和 Hambrick （2005） 最新的研究发现，薪酬差距会增加竞赛者的激进行为 （aggressive behavior），由此我们可以发现，薪酬差距能够有效提升高管的风险承受能力，从而增加高管对研发活动的支持程度。②高管的竞争性行为。Dye （1984） 研究发现，锦标赛竞争者之间的薪酬差距会激励过度竞争甚至是破坏性竞争，之后 Gnyawali 等 （2008） 研究发现，高管之间的薪酬差距能够显著提升企业的竞争活动 （竞争活动的规模、强度和复杂性）。研发活动直接关系到企业的竞争力和成长性，是企业主要的竞争性活动。由此，我们认为，薪酬差距会有效增加高管的竞争性行为，从而增加研发投入。③管理团队内部的协调性。企业技术复杂性的增加往往超过了任何单个高管团队成员的认识和理解 （Thompson， 1967），加之高管团队成员个性、知识、技术关注度的差异，这样就会形成高管团队内部的分歧或冲突 （Bower， 1970；Hayes 和 Abernathy， 1980），由此高管团队内部的协调性和沟通需要也会相应增加。Henderson 和 Fredrickson （2001） 研究发现，薪酬差距能够显著提高团队内部的协调性和沟通需要，从而能够有效提高资本投资 （capital investment），特别是像研发活动这样高技术、高复杂性的投资，薪酬差距能够增进团队的协调性与沟通，进而对研发投入产生激励效果。由此可见，高管之间的薪酬差距也会激励企业的研发投入，因此我们提出如下假设：

H4b：CEO 级与其他管理者的薪酬差距与研发投入显著正相关

3.3.4.3 超额控制权与薪酬差距激励的冲突对研发投入的影响

薪酬差距主要是用来激励企业管理层和员工，减少管理层和员工对股东财富的侵占，激励管理层和员工实现股东财富最大化，使其做出符合公司长远利益的科学决策（李维安和张国萍，2005）。但终极控股股东为了便于实现控制权私人收益，往往会对管理层进行干涉，进而影响管理层的努力程度和治理水平。还有研究显示，终极控制人为了便于实施"壕沟效应"，往往会对管理层进行赎买，从而扩大薪酬差距的水平进而削弱管理层之间薪酬差距的激励效应，并最终弱化管理层薪酬差距与管理层的努力程度的关系。因此，我们认为：两权分离度越大，薪酬差距的激励效果越差，由此提出以下假设：

H4c：超额控制权与高管之间薪酬差距的激励在研发投入上存在明显的分歧，而且终极控股股东的超额控制权与高管间薪差激励的冲突对研发投入具有显著影响

3.3.5 经营风险的调节效应

薪酬差距对高管风险偏好产生影响的前提条件是：第一，高管努力程度与其业绩高度相关；第二，以经营业绩的排名为晋升标准。也就是说，参赛 VP 级高管越努力，其业绩会越好，晋升的概率也越高，加薪的可能性也越大。但实际上，企业经营永远都处于风险中，经营风险会造成 VP 级高管业绩的随机波动（业绩噪声），这一波动会影响 VP 级高管的业绩、排名和晋升机会，所以经营风险产生的业绩噪声会影响高管之间薪酬差距的实际效果。特别是当经营风险较高时，经营风险造成的业绩噪声会严重影响高管之间薪酬差距的激励效果。于是，为了

保证激励效果，企业往往会随着经营风险的增加而扩大高管之间的薪酬差距。当高管之间薪酬差距水平随着外部经营风险改变时，不论是基于锦标理论还是公平理论，高管之间薪酬差距的实际影响也会随之有所改变。由此，本书提出如下假设：

H5a：经营风险会显著调节 CEO 与 VP 级高管的薪酬差距对企业研发投入的影响

如前所述，当经营风险增加时，其产生的业绩噪声会损害高管之间薪酬差距的激励效果。为了保证薪酬差距的激励效果，企业需要随着经营风险的升高而增大 CEO 与 VP 级高管的薪酬差距。但近年来，我国政府对国企高管薪酬实行"限薪令"，直接限定了国有企业高管之间薪酬差距的最大范围。所以，"限薪令"使得国有企业不能根据经营风险的变化而自主调整高管的薪酬水平和高管之间薪酬差距的水平。而且，即便同为国有企业，政府直接控制的国有企业和政府间接控制的国有企业在调整高管薪酬差距水平上存在一定的差异。具体而言，政府直接控制的国企对高管之间薪酬差距的调整能力要小于政府间接控制的国企，即政府直接控制国企的高管之间薪酬差距更加"刚性"，而政府间接控制国企的高管之间薪酬差距的"刚性"相对较弱，由此导致经营风险对政府直接控制的国企高管之间薪酬差距激励效果的影响较小，而对政府间接控制的国企高管之间薪酬差距激励效果的影响较大。与国企不同，民企高管薪酬完全市场化，且不存在"限薪令"的约束，所以民营企业可以根据经营风险的变化对高管的薪酬及其差距水平进行调整。由此可知，民营企业可以随着经营风险的升高而扩大 CEO 与 VP 级高管的薪酬差距，即民营企业 CEO 与 VP 级高管之间的薪酬差距存在很强的"弹性"；国有企业 CEO 与 VP 级高管之间薪酬差距的调整表现出不同程度的"刚性",其中政府直接控制国企 CEO 与 VP 级高管之间薪酬差距"刚性"最强,政府间接控制国企 CEO 与 VP 级高管之间薪酬差距的"刚性"次之。由此,经营风险对 CEO 与 VP 级高管之间薪酬差距的实际效果的影响会因为不同类型企业工资调整的"柔性"和"刚性"差异而出现不同。由此,本书提出如下假设:

H5b:经营风险对 CEO 与 VP 级高管的薪酬差距与企业研发投入两者关系的调节效应在民营企业、政府间接控制国企和政府直接控制国企中存在显著差异

3.3.6 市场化程度的调节效应

我国幅员辽阔,经济发展存在着巨大的地区差异。经济发达程度和市场化程度的不同造成不同地区企业的 CEO 与普通员工的薪酬差距水平也有所不同。具体来说,市场化程度越高、经济越发达的地区,企业 CEO 与普通员工的薪酬差距水平也越大,相应地,这些市场化程度越高、经济较发达地区的企业高管之间的薪酬差距水平也越大。相反,处于市场化程度较低、经济欠发达地区的企业的 CEO 与员工的薪酬差距水平较低,这些地区的高管之间的薪酬差距水平也会相对较小。因此,由于所处地区的市场化程度不同,不同地区的企业高管之间薪酬差距的变化也会有所不同。市场化程度较高的地区的企业内部高管之间的薪酬差距水平会随着经济发展而不断扩大,市场化程度较低的地区的企业内部高管之间薪酬差距水平则因经济不发达而并未同步扩大。因此,不论是基于锦标理论,还是公平理论,当不同地区的 CEO 与 VP 级高管的薪酬差距出现非同步变化时,不同地区的 CEO 与 VP 的薪酬差距对研发投入的影响也

会有所差异。故本书提出如下假设：

H6a：CEO 与 VP 级高管的薪酬差距对企业研发投入的影响随所在地区的市场化程度不同而有所不同

企业高管之间薪酬差距一方面会受到市场化程度的影响，另一方面还会因为产权性质及"限薪令"而有所改变。自 2009 年以来，我国中央政府先后发布了多道"限薪令"，同样各级地方政府也对其管辖的各类国有企业实施了相应的"限薪令"，这一政策不仅直接规定了国企高管薪酬绝对水平的最高值，而且也规定了国有企业内部高管与员工之间薪酬差距的最大范围，这样就意味着"限薪令"同样限定了国有企业 CEO 与 VP 级高管的薪酬差距的最大范围。也就是说，不论是在市场化程度较高、经济较发达的东部地区，还是在市场化程度较低、经济欠发达的中西部地区，也不管国有企业高管之间薪酬差距原有水平的高低，"限薪令"使得所有地区的国企高管之间的薪酬差距水平有所收窄。相比较而言，市场化程度较高、经济较发达地区的国企高管薪酬差距水平的缩小幅度要显著大于市场化程度较低、经济欠发达地区的国企。同时，各地的民营企业高管薪酬差距水平并不受"限薪令"的影响。这就意味着，市场化程度对高管薪酬差距水平的影响会存在产权性质的差异，即所有国有企业高管之间薪酬差距水平都会缩小，但市场化程度较高的地区国企的缩小程度比市场化程度较低地区的国企更显著。同时，市场化程度较高地区的民营企业高管薪酬差距水平仍会显著高于市场化程度较低的地区的民营企业。由此，本书提出如下假设：

H6b：市场化程度对 CEO 与 VP 级高管的薪酬差距与企业研发投入两者之间关系的调节效应在国有企业和民营企业中存在显著差异

3.4 小结

本章首先分析了我国企业中代理问题的种类和情况，之后采用博弈论构建了高管晋升激励模型来分析高管之间薪酬差距对高管冒险行为和努力程度的影响，并且通过相关研究发现：经典晋升模型可以显著提高高管的风险偏好水平，但"公平偏好"会影响传统晋升模型的实际效应，导致逆向选择的出现。

在理论模型分析的基础上，根据已有的研究文献逐步推导出本书的相关假设，即高管之间薪酬差距对企业研发投入影响的相关假设、企业特征（包括企业规模、产权性质和超额控制权）对上述两者之间关系的调节效应、外部环境（经营风险和市场化程度）对上述两者之间关系的调节效应，由此共得到以下 13 条研究假设，各项具体假设见表 3-1。下面章节将利用国内上市公司的相关数据对上述假设和命题进行检验和证明。

表 3-1 研究假设

类型	编号	具体假设
高管之间薪酬差距对研发投入的影响	1	H1a：基于锦标理论，企业 CEO 与 VP 级高管的薪酬差距与研发投入显著正相关
	2	H1b：基于公平理论，企业 CEO 与 VP 级高管的薪酬差距与研发投入显著负相关
企业规模的调节效应	3	H2a：企业规模会显著影响 CEO 与 VP 级高管的薪酬差距与企业研发投入之间的关系
	4	H2b：企业规模对 CEO 与 VP 级高管的薪酬差距与企业研发投入之间关系的影响在国有企业和民营企业中有所不同

续表

类型	编号	具体假设
产权性质的调节效应	5	H3a：CEO 与 VP 级高管的薪酬差距对企业研发投入的影响在产权性质不同的企业中有所不同，即 CEO 与 VP 级高管的薪酬差距对企业研发投入的影响在国企和民企中有所不同
	6	H3b：CEO 与 VP 级高管的薪酬差距对企业研发投入的影响在央企、省属国企和地市级国企中有所不同
超额控制权的调节效应	7	H4a：超额控制权与研发投入显著负相关
	8	H4b：CEO 级与其他管理者的薪酬差距与研发投入显著正相关
	9	H4c：超额控制权与高管之间薪酬差距的激励在研发投入上存在明显的分歧，而且终极控股股东的超额控制权与高管间薪差激励的冲突对研发投入具有显著影响
经营风险的调节效应	10	H5a：经营风险会显著调节 CEO 与 VP 级高管的薪酬差距对企业研发投入的影响
	11	H5b：经营风险对 CEO 与 VP 级高管的薪酬差距与企业研发投入两者关系的调节效应在民营企业、政府间接控制国企和政府直接控制国企中存在显著差异
市场化程度的调节效应	12	H6a：CEO 与 VP 级高管的薪酬差距对企业研发投入的影响随所在地区的市场化程度不同而有所不同
	13	H6b：市场化程度对 CEO 与 VP 级高管的薪酬差距与企业研发投入两者之间关系的调节效应在国有企业和民营企业中存在显著差异

4 研究设计

在提出了研究假设后，我们根据本书研究的需要确定了研究样本，选择了研究变量并设定了研究模型，为随后的实证分析奠定必要的基础。

4.1 样本选择

本文选取 2006~2015 年我国主板和中小板上市公司作为研究样本，并按照以下标准对研究样本进行了选择：第一，去掉所有金融类上市公司；第二，去掉 ST、PT 等特殊处理的上市公司；第三，去掉没有研发投入数据的上市公司；第四，去掉 CEO 和 VP 级高管薪酬数据不全的上市公司；第五，去掉 CEO 与 VP 级高管的薪酬差距小于 1 的上市公司；第六，去掉相关控制变量数据不全的上市公司。

之所以去掉 CEO 与 VP 级高管的薪酬差距小于 1 的上市公司，是因为职位较高的 CEO 薪酬一般都会高于 VP 级高管的薪酬，所以 CEO 与 VP 级高管的薪酬差距应该大于 1。由于我国部分上市公司的 CEO 和董事长不领取薪酬或只领取津贴，由此这些上市公司的 CEO 与 VP 级高管的薪酬差距指标会小于 1，这种情况并不能客观反映晋升激励的情况，因此将其剔除。

本书的研究数据来自于 CSMAR 国泰安数据库，并对主要变量进行了双边 1%Winsor 的处理。

4.2　变量界定

4.2.1　因变量

如何度量研发活动一直是一个十分重要的命题，为此 Griliches 等（1988）对现有的主要度量方法进行了评述。在现有各种度量指标中，本书研究主要采用研发强度这一指标来度量研发投入。

从已有的研究文献来看，国内外研究主要采用两种方式来度量研发强度：①研发投入/主营业务收入；②研发投入/总资产。其中，多数研究都采用研发投入/主营业务收入这一指标来度量研发投入，少数研究采用研发投入与总资产的比。

遵循国内外相关研究主要方法，本书采用研发强度（研发投入/营业收入）作为度量企业研发活动或研发投入的指标，而研发投入数据为上市公司的开发支出、现金流量表中的明细项和管理层讨论中的披露数字，不包括待摊费用、无形资产等项目。

4.2.2　自变量

借鉴 Siegel 和 Hambrick（2005）的方法，自变量 $PICV_{i,t-1}$ 等于上市公司 i 在 t-1 年度的 CEO 和董事长的平均薪酬与其他 VP 级高管平均薪酬之比。Carpenter 与 Sanders（2004）将董事长和总经理划为 CEO 层级，因为董事长和 CEO 的薪酬相近且与其他高管薪酬存在巨大差距，本文也采用这一定义。VP 级高管主要包括职务为"常务副总经理、副总经理、常务副总裁、副总裁"的高管。具体计算公式如下所示：

$$PICV_{i,t-1} = \frac{\text{总经理和董事长的平均薪酬}_{i,t-1}}{\text{VP 级高管的平均薪酬}_{i,t-1}}$$

$$= \frac{(\text{总经理薪酬}_{i,t-1} + \text{董事长薪酬}_{i,t-1})/2}{\text{VP 高管团队薪酬合计}_{i,t-1}/\text{VP 级高管领薪人数}_{i,t-1}}$$

在计算 CEO 与 VP 级高管的薪酬差距时，我们将不领薪的 CEO 或 VP 级高管都删除，只计算当年领薪 CEO 与 VP 级高管之间的薪酬差距。CEO 级和 VP 级高管的薪酬只包括其当年在上市公司领取的现金报酬，未包括股权报酬。

4.2.3　调节变量

4.2.3.1　产权性质

上市公司的产权性质 SOE 主要是根据其实际控制人的性质而定，国有企业和非国有企业分别赋值为 0 和 1。同时，根据国有企业实际控制人的政府级别，将上市公司分为央企、省级国企和市县级国企，分别赋值 3、2、1。

4.2.3.2　经营风险

参考 Kato 和 Long（2011）的方法，本书采用前三年的营业收入的变异系数来度量经营风险。

4.2.3.3 超额控制权

随着终极控制权这一概念的普及，学者逐渐发现终极控股股东的现金流权（所有权）和控制权分离的情况十分普遍，由此提出了现金流权和控制权两权分离的概念，或者直接命名为超额控制权。其计算的基础是终极控制权和终极所有权，只有得到终极控制权和终极所有权的数据，才能进一步计算超额控制权。现有研究中普遍使用的超额控制权的计算方法主要有两种：

第一，比值法。这一方法是由 Lemmon 和 Lins（2003）、Lins（2003）、Harvey 等（2004）提出并使用，就是终极控股股东的控制权（投票权）与现金流权（所有权）的比率。

$$超额控制权 = \frac{实际控制人的控制权（投票权）}{实际控制人的现金流权（所有权）}$$

第二，差值法。这一方法是由 Claessens 等（2002）、Villa-longa and Amit（2006）、GIM（2010）提出并使用，就是终极控股股东的控制权（投票权）与现金流权（所有权）的差值。

超额控制权 = 实际控制人的控制权（投票权）- 实际控制人的现金流权（所有权）

根据现有国内外研究现状，本书采用上述两种方法计算超额控制权，并应用到实证分析中完成稳健性检验。

4.2.3.4 政府控制类型

参考缪毅和胡奕明（2014）的方法，本书研究样本中包括的上市公司根据其实际控制人的性质而确定其产权性质及政府控制形式，本书将上市公司分为政府直接控制国企、政府间接控制国企和民营企业，分别赋值为 2、1、0。其中，政府直接控制国有企业是指其第一大股东是国有资产管理局、国有资产经营公司、政府部门（例如财政局）以及学校或科研机构等不从事具体经营活动的组织或单位控制的上市公司，其他的国有企业则为政府间接控制企业。

4.2.3.5 市场化程度

本文中的市场化程度 Market 采用《中国分省份市场化指数报告（2016）》中政府与企业的关系指数作为市场化程度的度量指标，鉴于"政府与市场关系"这一指标比较稳定，所以本书研究中 2007 年和 2015 年的样本分别采用 2008 年和 2014 年的"政府与市场关系"这一指标的数据。

4.2.4 控制变量

控制变量包括以下几个方面：①股权结构：第一大股东的持股比例会因为资产锁定效应而降低研发投入，本书采用第一大股东持股比例作为股权结构的度量指标。②企业特征：企业基本特征直接影响着企业的研发投入，本书选择企业成长性、企业规模、企业年龄、负债水平、盈利能力、现金流、资本密度作为控制变量。一般而言，企业成长性越高、规模越大、盈利能力越高、现金流越充裕的企业，其研发投入越高，相反企业年龄越大、负债水平越高、资本密度越高的企业，其研发投入越低。③市场化程度：上市公司注册所在地的市场发育程度直接决定着其筹集和运用各类资源的能力，因此需要对其所在地的市场发育程度进行控制。需要说明的是，《中国分省份市场化指数报告（2016）》只公布了 2008~2014 年数据，鉴于"政府与市场关系"这一指标比较稳定，所以本书在研究中将 2007 年和 2015~2018 年的样本分别采用 2008 年和 2014 年的"政府与市场关系"这一指标的数据。④行业和宏观经济的影响：为了控制行业和宏观经济形势的影响，本文还增加了行业和时间的虚拟变量（见表 4-1）。

表 4-1　主要变量及具体定义

类型	名称	代码	计算公式
因变量	研发强度	RDS	研发强度 = 研发费用/营业收入
		RDA	研发强度 = 研发费用/总资产
自变量	高管薪酬差距	PICV	CEO 和董事长平均薪酬与 VP 级高管的平均薪酬之比
	股权集中度	First	第一大股东持股比例
	成长性	G	Tobin Q
	企业规模	FS	总资产的自然对数
	企业年龄	FA	成立时间的自然对数
控制变量	负债水平	Lev	资产负债率
	盈利能力	ROA	总资产收益率
	人力资源	HR	大专以上学历占全部员工的百分比
	出口情况	Export	虚拟变量，有出口业务为 1，没有为 0
	现金流	Cash	构建固定资产、无形资产的现金流/总资产
	资本密度	CI	固定资产/总资产
	市场化程度	Market	《中国分省份市场化指数报告（2016）》中的政府与市场的关系评分
	经营风险	Risk	前三年的营业收入的变异系数
	产权性质	SOE	虚拟变量，国有为 0，非国有为 1
	国企类型	GOV	根据终极控制人判断，央企为 3，省属国企为 2，市县国企为 1
	控制类型	Control	根据其实际控制人的性质而确定其产权型及政府控制形式，本文将上市公司分为政府直接控制国企、政府间接控制国企和民营企业，分别赋值为 2、1、0
	超额控制权	ECR	终极控股股东的控制权（投票权）与现金流权（所有权）的差值
	行业变量	Ind	行业虚拟变量
	时间变量	Time	年度虚拟变量

4.3　模型设定

根据本书的研究假设和相关样本及变量的选择，我们选择使用 OLS 回归方法对上一章中的各项命题和相关研究假设进行分析和验证，由于研究内容和研究对象的不同，本书研究所采用的模型主要分为两个部分：

4.3.1　高管之间薪酬差距对企业研发投入影响的模型

这部分的研究模型主要是用来分析和验证高管之间薪酬差距对研发投入的影响，因此设定的研究模型如下所示。

$$RD_{i,t} = c + \alpha_1 PICV_{i,t-1} + \beta_1 First_{i,t} + \beta_2 G_{i,t} + \beta_3 FS_{i,t} + \beta_4 FA_{i,t} + \beta_5 Lev_{i,t} + \beta_6 ROA_{i,t} + \beta_7 Cash_{i,t} + \beta_8 CI_{i,t} + \beta_9 Market_{i,t} + Ind + Time + \varepsilon$$

$$(4-1)$$

4.3.2　企业规模的调节效应

根据前文的假设和相关研究变量的确定，采用 OLS 回归方法检验企业规模对高管之间薪酬差距与企业研发投入之间关系的调节效应，以及这一调节效应在国企和民企中的差异，因此设定以下研究模型。

$$RD_{i,t} = c + \alpha_1 PICV_{i,t-1} + \alpha_2 PICV_{i,t-1} \times FS_{i,t} + \beta_1 First_{i,t} + \beta_2 G_{i,t} + \beta_3 FS_{i,t} + \beta_4 FA_{i,t} + \beta_5 Lev_{i,t} + \beta_6 ROA_{i,t} + \beta_7 Cash_{i,t} + \beta_8 CI_{i,t} + \beta_9 Market_i + Ind + Time + \varepsilon$$

$$(4-2)$$

$$RD_{i,t} = c + \alpha_1 PICV_{i,t-1} + \alpha_2 PICV_{i,t-1} \times FS_{i,t} \times SOE_{i,t} + \beta_1 First_{i,t} + \beta_2 G_{i,t} + \beta_3 FS_{i,t} + \beta_4 FA_{i,t} + \beta_5 Lev_{i,t} + \beta_6 ROA_{i,t} + \beta_7 Cash_{i,t} + \beta_8 CI_{i,t} + \beta_9 Market_i + Ind + Time + \varepsilon \qquad (4-3)$$

4.3.3 产权性质的调节效应

根据前文的假设和相关研究变量的确定，采用 OLS 回归方法检验产权性质对高管之间薪酬差距与企业研发投入之间关系的调节效应，以及这一调节效应在不同类型的国企中的差异，因此设定以下研究模型。

$$RD_{i,t} = c + \alpha_1 PICV_{i,t-1} + \alpha_2 PICV_{i,t-1} \times SOE_{i,t} + \beta_1 First_{i,t} + \beta_2 G_{i,t} + \beta_3 FS_{i,t} + \beta_4 FA_{i,t} + \beta_5 Lev_{i,t} + \beta_6 ROA_{i,t} + \beta_7 Cash_{i,t} + \beta_8 CI_{i,t} + \beta_9 Market_i + Ind + Time + \varepsilon \qquad (4-4)$$

$$RD_{i,t} = c + \alpha_1 PICV_{i,t-1} + \alpha_2 PICV_{i,t-1} \times GOV_{i,t} + \beta_1 First_{i,t} + \beta_2 G_{i,t} + \beta_3 FS_{i,t} + \beta_4 FA_{i,t} + \beta_5 Lev_{i,t} + \beta_6 ROA_{i,t} + \beta_7 Cash_{i,t} + \beta_8 CI_{i,t} + \beta_9 Market_i + Ind + Time + \varepsilon \qquad (4-5)$$

4.3.4 超额控制权的调节效应

根据前文的假设和相关研究变量的确定，采用 OLS 回归方法检验超额控制权对高管之间薪酬差距与企业研发投入之间关系的调节效应。

$$RD_{i,t} = c + \alpha_1 PICV_{i,t-1} + \alpha_2 PICV_{i,t-1} \times ECR_{i,t} + \beta_1 First_{i,t} + \beta_2 G_{i,t} + \beta_3 FS_{i,t} + \beta_4 FA_{i,t} + \beta_5 Lev_{i,t} + \beta_6 ROA_{i,t} + \beta_7 Cash_{i,t} + \beta_8 CI_{i,t} + \beta_9 Market_i + Ind + Time + \varepsilon \qquad (4-6)$$

4.3.5 经营风险的调节效应

根据前文的假设和相关研究变量的确定，采用 OLS 回归方法检验经营风险对高管之间薪酬差距与企业研发投入之间关系的调节效应，以及这一调节效应在不同类型的国企中的差异，因此设定以下研究模型。

$$RD_{i,t} = c + \alpha_1 PICV_{i,t-1} + \alpha_2 PICV_{i,t-1} \times Risk_{i,t} + \beta_1 First_{i,t} + \beta_2 G_{i,t} +$$
$$\beta_3 FS_{i,t} + \beta_4 FA_{i,t} + \beta_5 Lev_{i,t} + \beta_6 ROA_{i,t} + \beta_7 Cash_{i,t} + \beta_8 CI_{i,t} + \beta_9 Market_i +$$
$$Ind + Time + \varepsilon \qquad (4-7)$$

$$RD_{i,t} = c + \alpha_1 PICV_{i,t-1} + \alpha_2 PICV_{i,t-1} \times Risk_{i,t} \times Control_{i,t} + \beta_1 First_{i,t} +$$
$$\beta_2 G_{i,t} + \beta_3 FS_{i,t} + \beta_4 FA_{i,t} + \beta_5 Lev_{i,t} + \beta_6 ROA_{i,t} + \beta_7 Cash_{i,t} + \beta_8 CI_{i,t} + \beta_9$$
$$Market_i + Ind + Time + \varepsilon \qquad (4-8)$$

4.3.6 市场化程度的调节效应

根据前文的假设和相关研究变量的确定，采用 OLS 回归方法检验市场化程度对高管之间薪酬差距与企业研发投入之间关系的调节效应，以及这一调节效应在国企和民企中的差异，因此设定以下研究模型。

$$RD_{i,t} = c + \alpha_1 PICV_{i,t-1} + \alpha_2 PICV_{i,t-1} \times Market_i + \beta_1 First_{i,t} + \beta_2 G_{i,t} +$$
$$\beta_3 FS_{i,t} + \beta_4 FA_{i,t} + \beta_5 Lev_{i,t} + \beta_6 ROA_{i,t} + \beta_7 Cash_{i,t} + \beta_8 CI_{i,t} + \beta_9 Market_i +$$
$$Ind + Time + \varepsilon \qquad (4-9)$$

$$RD_{i,t} = c + \alpha_1 PICV_{i,t-1} + \alpha_2 PICV_{i,t-1} \times Market_t \times SOE_{i,t} + \beta_1 First_{i,t} +$$
$$\beta_2 G_{i,t} + \beta_3 FS_{i,t} + \beta_4 FA_{i,t} + \beta_5 Lev_{i,t} + \beta_6 ROA_{i,t} + \beta_7 Cash_{i,t} + \beta_8 CI_{i,t} + \beta_9$$
$$Market_t + Ind + Time + \varepsilon \qquad (4-10)$$

4.4 小结

本章主要对论文的实证研究进行了详细的介绍，首先介绍了本书研究样本的主要来源和筛选标准，之后详细介绍了研究涉及的自变量、因变量、调节变量和控制变量的定义和计量方法，并根据上一章中的主要研究假设提出了本书研究所采用的主要理论模型和方程，由此构建了本书实证研究的主要基础，并为下一章的研究奠定了必要的基础。

5
实证分析与检验

在第 3 章中，我们根据理论模型的分析结果和相关研究文献提出了本书研究的主要假设，之后在第 4 章中我们确定了研究样本、研究变量和基本模型。本章将使用收集的相关数据来实证分析和检验本书之前提出的相关研究假设和命题，从而分析和探讨高管之间薪酬差距对企业研发投入的影响，以及不同组织情境下高管之间薪酬差距对企业研发投入的影响发生的变化。

5.1 高管薪酬差距对研发投入的影响

5.1.1 实证分析

表 5-1 描述性统计

变量	观测值	均值	标准差	最小值	最大值
RDS	7739	0.0290	0.0317	0.000116	0.190
RDA	7739	1.708	1.699	0.00635	8.996
PICV	7739	1.512	0.640	0.370	4.563

续表

变量	观测值	均值	标准差	最小值	最大值
First	7739	35.96	15.10	2.197	85.23
Risk	7739	0.304	22.01	−1329	952.7
G	7739	2.066	1.870	0.0646	31.42
FS	7739	22.05	1.226	18.88	27.96
FA	7739	2.166	0.639	0	3.258
Lev	7739	0.453	0.201	0.00797	3.362
ROA	7739	0.0404	0.0569	−1.128	0.390
CASH	7739	0.0578	0.0504	0	0.450
CI	7739	0.248	0.152	0	0.920

由表 5-1 可知：①2006~2015 年我国主板和中小板上市公司的研发强度 RDS 为 2.9%（0.029），远远高于 2015 年我国全社会研发投入强度水平 2.07%，说明我国上市公司的研发投入水平高于社会平均水平。同时，标准差为 0.0317，说明 2006~2015 年我国主板和中小板上市公司的研发投入存在较大的差异。②CEO 与 VP 级高管的薪酬差距 PICV 的均值为 1.512，标准差为 0.640，说明我国主板和中小板上市公司的 CEO 级（总经理和董事长）的平均薪酬是其他 VP 级高管平均薪酬的 1.512 倍，说明我国上市公司高管之间的现金报酬差距十分明显。其他变量的均值和标准差也都反映了我国主板和中小板上市公司在其他方面的特征。

如表 5-2 所示，为了避免多重共线性问题，我们分析了变量之间的相关性系数及置信水平，其中相关系数最高为 0.442 < 0.5，其他相关系数的水平更低，所以可以基本排除共线性问题。

表5-2　相关系数矩阵

	PICV	First	RISK	G	FS	FA	LEV	ROA	CASH	CI
PICV	1									
First	−0.076***	1								
RISK	0	0.004	1							
G	0.001	−0.069***	0.009	1						
FS	−0.047***	0.267***	−0.011	−0.403***	1					
FA	−0.053***	−0.104***	−0.005	−0.155***	0.293***	1				
Lev	−0.032***	0.087***	−0.020*	−0.426***	0.442***	0.309***	1			
ROA	0.020*	0.061***	0.001	0.301***	0.002	−0.146***	−0.401***	1		
CASH	0.055***	0.005	0.001	−0.004	−0.014	−0.234***	−0.067***	0.118***	1	
CI	0.008	0.050***	−0.014	−0.171***	0.058***	0.030***	0.100***	−0.172***	0.260***	1

注：*、**、***分别代表双尾检验在10%、5%、1%水平上显著。

本节以2006~2015年共7739家上市公司Pool数据为样本，运用统计软件Stata11.0分析了CEO与VP级高管的薪酬差距对企业研发投入的影响，具体结果汇总在表5-3中。

表5-3　高管之间薪酬差距对企业研发投入的影响

	RDS	RDA
	模型1	模型2
PICV	−0.00114** (0.00047)	−0.06001** (0.02667)
First	−0.00015*** (0.00002)	−0.00179 (0.00121)
RISK	0.00003** (0.00001)	0.000790 (0.00076)
G	0.00315*** (0.00021)	0.09207*** (0.01208)
FS	0.00072** (0.00035)	−0.06665*** (0.01969)
FA	−0.00645*** (0.00054)	−0.25283*** (0.03039)

续表

	RDS	RDA
	模型 1	模型 2
Lev	−0.02277*** (0.00203)	0.0175 (0.11459)
ROA	−0.03717*** (0.00638)	3.92417*** (0.36003)
CASH	0.02639*** (0.00654)	0.491 (0.36885)
CI	−0.02145*** (0.00229)	−0.75090*** (0.12950)
Time	控制	控制
Ind	控制	控制
Cons	0.0118 (0.01493)	0.796 (1.11673)
N	7739	7739
Adj−R²	0.316	0.245
F 值	100***	72.74***

注：*、**、*** 分别代表双尾检验在 10%、5%、1%水平上显著。

从表 5-3 可知，所有 OLS 模型的 F 值均在 1%的置信水平下显著，各模型的 Adj-R² 均大于 0.24，说明上述模型的拟合度较好。同时，在上述模型中各控制变量均在不同的置信水平下显著，说明控制变量的选择较为合理。

（1）模型 1 中，自变量 PICV 的系数为−0.00114 < 0，在 5%的置信水平下显著，说明我国上市公司 CEO 与 VP 级高管的薪酬差距与企业研发投入显著负相关，本文的研究假设 H1b 得到证实，与吕巍和张书恺（2015）、康华（2016）的研究结论一致。即 CEO 与 VP 级高管的薪酬差距符合公平理论。

公平理论认为，所有人都十分关注公平、追求公平感，每个人都会将自己付出与回报的情况与其他人相比来判断报酬是否公平，而且对于报酬的"不公平感受"会导致负面消极行为的出现。特别是我国上市公司的非 CEO 高管更在意薪酬的公平性而不是薪酬的多寡，所以 VP 级高管对于晋升奖金（薪酬差距）的不公平感受导致其减少冒险行为并减少企业研发投资。

这也可能是因为我国上市公司 CEO 变更较少，使得 VP 级高管晋升的机会也相对有限，在晋升无望或者机会较少的情况下，VP 级高管更多关注其与 CEO 级高管的报酬公平性，并产生"不公平感"和消极行为，使得 CEO 与 VP 级高管的薪酬差距对研发投资产生消极影响。还有可能是因为，现代企业经营活动比较复杂，高管之间协作较为频繁，而晋升激励导致高管之间的协作意愿和努力程度减弱，由此产生消极结果。

（2）本文采用 RDA（研发投入/总资产）替代 RDS（研发投入/营业收入）重复了上述的研究过程并得到了相同的结论，CEO 与 VP 级高管的薪酬差距与企业研发投入 RDA 显著负相关，表明本书的研究结论具有较好的稳定性。

5.1.2　小结

企业内部科层制度的客观性和长久性决定了企业内部晋升激励是一项长效机制，但现有研究很少分析这一机制对企业经营活动特别是企业研发活动的影响。基于这一不足，本节利用我国上市公司的相关数据，实证检验了 CEO 与 VP 级高管的薪酬差距对企业研发投入的影响。实证结果显示，CEO 与 VP 级高管的薪酬差距与企业研发投入显著负相关，符合公平理论。与国外已有的研究相比，本节得到了与 Sharma（2011）、Kini 和 Williams（2012）、Shen 和 Zhang（2013）完全相反的结论。这表明，高管之间薪酬差距在不同的社会文化背景下所产生的效果完全不同。

由本节的结论可以得到以下几个方面的启示：第一，客观、理性地看待企业内部晋升激励。由于传统文化和现代思潮的共同影响，我国社会大众对晋升激励的看法和认可程度存在很大的差异，特别是位于企业不同科层的主体对于晋升激励的态度存在很大的差异。在设计和改革企业内部晋升制度时，需要综合考虑不同主体的关注侧重点，从而保证企业内部晋升制度"目标与实践的统一"。第二，现有研究的结果显示，晋升可能性会影响到晋升激励的效果。因此，在分析和考量晋升激励的实际效果时，需要综合考虑晋升机制所创造的晋升机会和可能，否则可能会造成负面影响。因此，在设计和制定晋升激励措施时，特别需要重点考虑晋升可能性对晋升激励措施的影响。第三，薪酬差距最近这几年已经成为社会公众的关注热点，并饱受非议。实际上，结合之前的研究和本文研究结果，我国企业内部薪酬差距有助于提升企业的业绩、生产效率和创新能力。因此，在评价薪酬差距这一现象时，我们更应该从实际出发，注意薪酬差距的水平问题、主体问题，而非一味地批评这一现象。

总之，企业内部晋升激励是一项十分普遍的现象和措施，企业在规划和利用这一激励措施时需要区分不同主体之间的差异，合理设置薪酬差距水平，并综合考虑内部晋升激励对企业经营产生的影响。

5.2 企业规模的调节效应

5.2.1 基本分析

表 5-4 描述性统计

	观测值	均值	标准差	最小值	最大值
RDS	7528	0.0296	0.0318	0.000122	0.192
RDA	7528	1.740	1.698	0.00643	8.872
PICV	7528	1.512	0.640	0.375	4.563
First	7528	35.95	15.10	2.197	85.23
G	7528	2.088	1.885	0.0646	31.42
FS	7528	22.07	1.227	18.88	27.96
FA	7528	2.167	0.643	0	3.258
Lev	7528	0.452	0.198	0.00797	3.331
ROA	7528	0.0406	0.0569	−1.128	0.390
CASH	7528	0.0580	0.0504	0	0.450
CI	7528	0.247	0.151	0	0.920
Market	7528	7.101	1.524	−6.750	9.650
SOE	7528	0.526	0.499	0	1

由表 5-4 可知：①2007~2015 年我国主板和中小板上市公司的研发强度 RDS 为 2.96%，远远高于同一时期我国全社会研发投入强度水平，说明我国上市公司的研发投入水平高于社会平均水平。同时，标准差为 0.0318，说明 2007~2015 年我国主板和中小板上市公司的研发投入存在较大的差异。②自变量

CEO 与 VP 级高管的薪酬差距 PICV 的均值为 1.512，标准差为 0.640，说明我国主板和中小板上市公司的 CEO 级（总经理和董事长）的平均薪酬是其他 VP 级高管平均薪酬的 1.512 倍，说明我国上市公司高管之间的薪酬差距也十分明显。同时，分组统计结果显示，民企 PICV 的均值为 1.61，国企 PICV 的均值为 1.40，这一数据表明民企 CEO 与 VP 级高管的薪酬差距水平要高于国有企业。③产权性质 SOE 的均值为 0.526，标准差为 0.499，说明本书的研究样本中民营企业的数量较多，占整体样本量的 52.6%，国有企业的数量少一些。结果较为准确，本书的研究样本中包括了 3961 家民营企业和 3567 家国有企业。其他变量的描述性统计也反映出本书研究样本在企业规模和企业年龄上存在很大的差异，同时负债水平较高、盈利能力较小、现金流较差、资本密度较高。

表 5-5 报告了变量之间的 Pearson 相关系数。其中，变量 RDS 与自变量 PICV 的相关系数为-0.008，初步说明 CEO 与 VP 级高管的薪酬差距可能与企业研发投入负相关。自变量 PICV 与 FS 的相关系数为-0.046，在 1% 的统计水平下显著，说明我国企业 CEO 与 VP 级高管薪酬差距与企业规模显著负相关。自变量 PICV 与 SOE 的相关系数为 0.165，在 1% 的统计水平下显著，说明民营企业 CEO 与 VP 级高管的薪酬差距要显著高于国有企业，"限薪令"确实降低了国有企业 CEO 与 VP 级高管之间的薪酬差距。First、FS、FA、Lev、CI 分别与 RDS 显著负相关，说明股权越集中、企业规模越大、年龄越大、负债水平越高、资本密度越高的企业，其研发投入会越少。First、FS、FA、Lev 分别与 PICV 显著负相关说明，股权越集中、企业规模越大、年龄越大、负债水平越高的企业，CEO 与 VP 级高管的薪酬差距越低。所有

表 5-5 相关系数矩阵

	RDS	PICV	First	G	FS	FA	Lev	ROA	CASH	CI	Market	SOE
RDS	1											
PICV	-0.008	1										
First	-0.131***	-0.073***	1									
G	0.311***	0.001	-0.068***	1								
FS	-0.211***	-0.046***	0.269***	-0.413***	1							
FA	-0.210***	-0.052***	-0.104***	-0.158***	0.292***	1						
Lev	-0.322***	-0.029*	0.090***	-0.431***	0.463***	0.318***	1					
ROA	0.083***	0.019*	0.062***	0.300***	-0.004	-0.146***	-0.403***	1				
CASH	0.022*	0.056***	0.002	-0.005	-0.019	-0.232***	-0.067***	0.112***	1			
CI	-0.181***	0.009	0.044***	-0.168***	0.062***	0.034***	0.100***	-0.176***	0.260***	1		
Market	0.044***	0.049***	-0.031***	0.052***	-0.130***	-0.134***	-0.090***	0.081***	0.0160	-0.068***	1	
SOE	0.211***	0.165***	-0.209***	0.214***	-0.298***	-0.423***	-0.296***	0.123***	0.091***	-0.127***	0.168***	1

注：*、**、***分别代表双尾检验在10%、5%、1%水平上显著。

变量之间的相关系数均小于 0.5，基本可以排除自变量和控制变量之间的多重共线性问题。

5.2.2 OLS 回归结果

本书选取 2007~2015 年共 7528 家上市公司 Pool 数据为样本，运用统计软件 Stata11.0 检验了 CEO 与 VP 级高管的薪酬差距对企业研发投入的影响以及企业规模对上述关系的影响，并进一步分析了企业规模对 CEO 与 VP 级高管的薪酬差距与企业研发投入两者之间关系的影响在不同产权性质的企业中的差异。具体结果见表 5-6。

表 5-6　高管薪酬差距、企业规模与企业研发投入

	RDS		
	模型 3	模型 4	模型 5
PICV	−0.00122*** (0.00047)	−0.02068** (0.00817)	−0.01820** (0.00829)
PICV × FS		0.00088** (0.00037)	0.00080** (0.00037)
PICV × FS × SOE			−0.00004** (0.00002)
First	−0.00015*** (0.00002)	−0.00015*** (0.00002)	−0.00016*** (0.00002)
G	0.00314*** (0.00037)	0.00316*** (0.00037)	0.00317*** (0.00037)
FS	0.00085** (0.00034)	−0.000430 (0.00062)	−0.000350 (0.00062)
FA	−0.00622*** (0.00056)	−0.00626*** (0.00056)	−0.00663*** (0.00061)
Lev	−0.02415*** (0.00222)	−0.02417*** (0.00222)	−0.02425*** (0.00222)
ROA	−0.03941*** (0.00828)	−0.03970*** (0.00829)	−0.03887*** (0.00831)

续表

	RDS		
	模型 3	模型 4	模型 5
CASH	0.02641***	0.02603***	0.02640***
	(0.00680)	(0.00678)	(0.00678)
CI	−0.02144***	−0.02122***	−0.02147***
	(0.00224)	(0.00224)	(0.00224)
Market	0.00071***	0.00071***	0.00075***
	(0.00023)	(0.00023)	(0.00023)
Time	控制	控制	控制
Ind	控制	控制	控制
Cons	0.00419	0.03242**	0.03025**
	(0.00827)	(0.01440)	(0.01448)
N	7528	7528	7528
Adj-R²	0.313	0.314	0.314
F	110***	110***	100***

注：***、**、* 分别代表双尾检验在 1%、5%、10%水平上显著，括弧内为系数的标准差。

（1）从表 5-6 可知，在模型 3 中，PICV 的系数为 −0.00122 < 0，在 1% 的置信水平下显著，说明我国上市公司 CEO 与 VP 级高管的薪酬差距与企业研发投入显著负相关，符合公平理论，本书的研究假设 H1b 得到证实。

公平理论认为，所有人都十分关注公平、追求公平，每个人会将自己付出与回报的情况与其他人相比来判断报酬是否公平，一旦产生报酬"不公平"的感受就会导致代理人自利或短视行为的出现。在本研究样本中，我国上市公司 CEO 与 VP 级高管的薪酬差距的整体均值为 1.5，说明这一差距水平已经引起 VP 级高管的不公平感，并产生自利行为——减少企业研发投入。本文的结论表明，VP 级高管对于垂直薪酬差距也表现出"不患贫而患不均"的态度，补充了之前张兴亮和夏成才（2016）

"非 CEO 高管只在乎水平薪酬差距的公平性，而不在乎垂直薪酬差距的公平性"的研究结论。

（2）在表 5-6 的模型 4 中，PICV × FS 的系数为 0.00088 > 0，在 5% 的置信水平下显著，说明企业规模可以显著影响 CEO 与 VP 级高管的薪酬差距对企业研发投入的影响，本书的研究假设 H2a 得到证实。

本书根据模型 4 的回归结果绘制了图 5-1，并可知：小型企业的 CEO 与 VP 级高管的薪酬差距对企业研发投入的显著负面影响要强于大型企业。本书按照企业规模均值分组，并对两组均值进行了 T 检验。结果显示，企业规模较大的 PICV 均值为 1.498，而企业规模较小的 PICV 均值为 1.521，但并不存在显著性差异。这就意味着大型企业和小型企业中 CEO 与 VP 级高管的薪酬差距水平无显著差异，但其对企业研发投入的影响却存在显著的差异，这是因为薪酬差距会产生两种不同的心理效应：比较心效应和同理心效应。

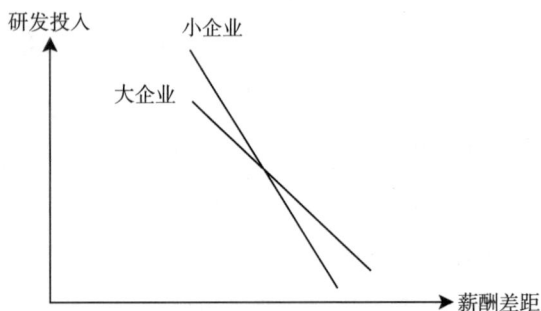

图 5-1　企业规模的调节效应

根据参照点理论，人们在做出决策和判断时往往会选择多个参照点，而且会根据禀赋、愿景和社会比较因素对自己的状态做出判断。一般而言，将 CEO 作为参照点时，"比较心效应"

比较明显，这时 CEO 与 VP 级高管的薪酬差距会导致 VP 级高管产生"薪酬不公平感"。但如果选择职位相同的其他 VP 级高管作为参照点时，同一企业的所有 VP 级高管都面对相似的 CEO 与 VP 级高管的薪酬差距水平，这时"同理心效应"会出现而且会降低原有的"不公平感"，而且"同理心效应"的强弱主要取决于参照点人数的多少。也就是说，企业规模越大，VP 级高管数量越多，这时即便每个 VP 级高管都会对薪酬差距感到"不公平"，但由于处境相似的 VP 级高管人数较多，"同理心效应"会降低每个 VP 级高管的"不公平感"，毕竟少拿钱的不止他一个人。而"同理心效应"在规模较小的企业中因为 VP 级人数较少，于是小型企业的 CEO 与 VP 级高管的薪酬差距的"不公平感"要强于大型企业。所以，小型企业的 CEO 与 VP 级高管的薪酬差距对企业研发投入的负面影响要显著强于规模较大型企业。

（3）在表 5-6 的模型 5 中，PICV × Size × SOE 的系数为 −0.00004 < 0，在 5% 的置信水平下显著，说明企业规模对 CEO 与 VP 级高管的薪酬差距与企业研发投入之间关系的影响在国有企业和民营企业中存在显著差异，本书的研究假设 H2b 得到证实。

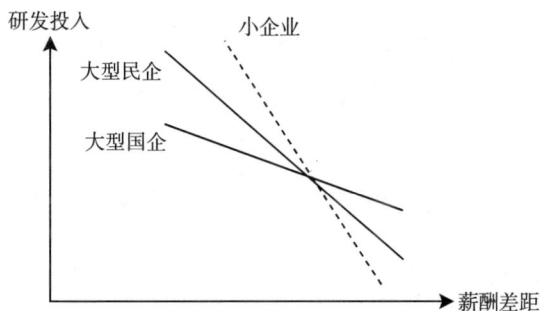

图 5-2 企业规模与产权性质的联合调节效应

本书根据模型 5 的回归结果绘制了图 5-2，并可知：小型国有企业和民营企业的 CEO 与 VP 级高管的薪酬差距对企业研发投入的负面影响是相同的；大型民营企业的 CEO 与 VP 级高管的薪酬差距对企业研发投入的负面影响要显著强于大型国有企业。综合来看，CEO 与 VP 级高管的薪酬差距对企业研发投入的负面影响在小型企业、大型民企和大型国企中依次减弱。这是因为：第一，根据参照点理论，因为企业规模和 VP 级高管人数的差异，CEO 与 VP 级高管的薪酬差距引起的 VP 级高管的"不公平感"会因为参照人数的不同而在小型企业和大型企业中有所不同。在大型企业中，由于"同理心效应"显著，CEO 与 VP 级高管的薪酬差距所引起的 VP 级高管的"不公平感"会因为参考人数较多而有所减少。因此。小型企业的 CEO 与 VP 级高管的薪酬差距对企业研发投入的负面影响要强于大型企业。加之，小型企业内部高管之间的薪酬差距本身较小，"限薪令"实质上对国有小型企业的内部薪酬差距水平的影响十分有限。所以，小型企业的 CEO 与 VP 级高管的薪酬差距对企业研发投入的负面影响在民营企业和国有企业的差异并不明显。第二，针对国企高管薪酬的"限薪令"切实地减少了国有大型企业的 CEO 与 VP 级高管的薪酬差距，因此 VP 级高管的"不公平感"也会降低。而民营企业的高管之间薪酬差距并未受到管制，自然 CEO 与 VP 级高管的薪酬差距所引起 VP 级高管的"不公平感"也未削弱。于是，民营大型企业 CEO 与 VP 级高管的薪酬差距对企业研发投入的负面影响要强于国有大中型企业。

5.2.3　稳健性检验

本书采用 RDA（研发投入/总资产）替代 RDS（研发投入/营业收入）重复了上述的研究过程，回归模型 6~模型 8 的结果

表 5-7　高管薪酬差距、企业规模与企业研发投入的稳健性检验

	RDA		
	模型 6	模型 7	模型 8
PICV	−0.07091***	−1.05047**	−0.779
	(0.02743)	(0.47190)	(0.48328)
PICV × FS		0.04438**	0.0355
		(0.02129)	(0.02171)
PICV × FS × SOE			−0.00448***
			(0.00121)
First	−0.00161	−0.00152	−0.00238**
	(0.00118)	(0.00119)	(0.00119)
G	0.09383***	0.09498***	0.09600***
	(0.01780)	(0.01788)	(0.01788)
FS	−0.06563***	−0.13004***	−0.12153***
	(0.02033)	(0.03635)	(0.03660)
FA	−0.22641***	−0.22873***	−0.26937***
	(0.03133)	(0.03130)	(0.03362)
Lev	0.0728	0.0718	0.0624
	(0.11917)	(0.11906)	(0.11917)
ROA	3.93607***	3.92112***	4.01201***
	(0.45056)	(0.45011)	(0.45616)
CASH	0.398	0.378	0.419
	(0.35599)	(0.35465)	(0.35498)
CI	−0.70023***	−0.68897***	−0.71699***
	(0.12862)	(0.12871)	(0.12856)
Market	0.10393***	0.10381***	0.10881***
	(0.01156)	(0.01156)	(0.01171)
Time	控制	控制	控制
Ind	控制	控制	控制
Cons	0.89073*	2.31165***	2.07293**
	(0.48339)	(0.82919)	(0.83519)
N	7528	7528	7528
Adj-R²	0.247	0.247	0.249
F	280	280	250

注：***、**、* 分别代表双尾检验在 1%、5%、10% 水平上显著，括弧内为系数的标准差。

与之前的结论相同，表明上述研究结论具有较好的稳定性。

5.2.4 内生性检验

追求创新的企业为了吸引合格的 CEO 往往会支付较高的薪酬，这样会造成 CEO 与 VP 级高管之间的薪酬差距增大，因此 CEO 与 VP 级高管的薪酬差距与企业研发投入可能存在一定的内生性问题。

本书通过以下两个手段来解决内生性问题：①在所有的模型中增加了行业、时间和地区的控制变量。②工具变量。李春涛和宋敏（2010）、Lin 等（2011）均认为：同一年度、同一地区、同一行业的企业为管理层提供薪酬激励计划时需要参考当地竞争对手的情况，但竞争对手的薪酬激励不会对本企业的创新产生直接影响，故同一年度、同一地区、同一行业高管股权激励的平均值可作为企业高管股权激励的工具变量。根据这一思路，本书采用同一年度、同一地区、同一行业的所有上市公司 CEO 与 VP 级高管薪酬差距的平均值作为样本公司 CEO 与 VP 级高管薪酬差距的工具变量。其中，以公司注册地所在省份作为企业的地区分类标准，以中国证监会行业分类 CSRC 前 2 位代码作为行业分类标准。本书将同一年度、同一地区、同一行业的上市公司组合的最小样本数分别设定为 3 或 4，其回归结果与之前发现一致。

表 5-8 基于工具变量的内生性检验

	RDS	
	行业—地区组合大于 2	行业—地区组合大于 3
	模型 9	模型 10
IV–PICV	−0.00181**	−0.00163*
	(0.00080)	(0.00085)

续表

	RDS	
	行业—地区组合大于 2	行业—地区组合大于 3
	模型 9	模型 10
First	−0.00014***	−0.00015***
	(0.00002)	(0.00003)
G	0.00310***	0.00305***
	(0.00025)	(0.00026)
FS	0.00083**	0.00091**
	(0.00041)	(0.00042)
FA	−0.00608***	−0.00626***
	(0.00061)	(0.00063)
Lev	−0.02518***	−0.02571***
	(0.00237)	(0.00245)
ROA	−0.04256***	−0.04266***
	(0.00720)	(0.00741)
CASH	0.02278***	0.02124***
	(0.00746)	(0.00781)
CI	−0.02403***	−0.02444***
	(0.00266)	(0.00275)
Market	0.000240	−0.000130
	(0.00028)	(0.00030)
Time	控制	控制
Ind	控制	控制
Cons	0.0176	0.00952
	(0.02836)	(0.02866)
N	6297	5912
Adj−R^2	0.282	0.264
F	78.16***	67.35***

注：***、**、* 分别代表双尾检验在 1%、5%、10%水平上显著，括弧内为系数的标准差。

5.2.5 小结

基于金字塔式的组织层级而形成的内部薪酬差距在所有企

业中都是十分普遍的现象，但目前鲜有研究分析企业内部薪酬差距对企业研发投入的影响。本节采用 2007~2015 年 7528 家上市公司的数据分析了我国上市公司 CEO 与 VP 级高管的薪酬差距对企业研发投入的影响和企业规模对上述关系的影响，以及企业规模的这一影响在国有企业和民营企业中的差异。回归结果显示：第一，整体而言，CEO 与 VP 级高管的薪酬差距与企业研发投入显著负相关。第二，小型企业的 CEO 与 VP 级高管的薪酬差距对企业研发投资的负面影响要显著强于大型企业。第三，大型民营企业的 CEO 与 VP 级高管的薪酬差距对企业研发投入的负面影响要显著强于大型国有企业，但这一现象在小型企业中并不显著。

从本节的研究结论可以获得以下几个启示：①在设计企业高管薪酬体系时，需要考虑不同群体的偏好和诉求，避免高管薪酬差距体系的实际影响与原定目标相背离。②注意高管薪酬体系的特定背景，尤其是要注意企业规模的差异意味着参照点选择和参照点人数的差异，而参照点选择和参照点人数的多寡则会影响到"不公平感"和高管消极行为的强弱，这一差异决定了不同规模的企业中 CEO 与 VP 级高管的薪酬差距对企业研发活动的影响不同。③"限薪令"在减少企业高管薪酬差距的同时，也能缓解高管的"不公平感"和消极行为。因此，在评估"限薪令"政策时，既要关注该政策的直接影响，也要关注该政策的间接影响。综上所述，在实施高管薪酬制度改革时，需要全面考虑其对企业的实际影响。

总之，关注和研究高管之间的薪酬差距这类隐性激励措施对于丰富和完善高管激励体系、促进企业研发投入增加具有十分重要的理论价值和现实意义。

5.3 产权性质的调节效应

5.3.1 基本分析

表 5-9 描述性统计

	观测值	均值	标准差	最小值	最大值
RDS	7737	0.0290	0.0317	0.000117	0.190
RDA	7737	1.712	1.703	0.00635	9.000
PICV	7737	1.512	0.639	0.375	4.563
First	7737	36.01	15.10	2.197	85.23
G	7737	2.066	1.870	0.0646	31.42
FS	7737	22.06	1.227	18.88	27.96
FA	7737	2.163	0.640	0	3.258
Lev	7737	0.454	0.201	0.00797	3.362
ROA	7737	0.0405	0.0570	−1.128	0.390
CASH	7737	0.0581	0.0505	0	0.450
CI	7737	0.248	0.152	0	0.920
SOE	7737	0.520	0.500	0	1
GOV	3722	2.080	0.814	1	3

由描述性统计结果可知：①2006~2015 年我国主板和中小板上市公司的研发强度 RDS 为 2.9%，远远高于 2015 年我国全社会研发投入强度水平 2.07%，说明我国上市公司的研发投入水平高于社会平均水平。同时，标准差为 0.0317，说明 2006~2015 年我国主板和中小板上市公司的研发投入存在较大的差异。②CEO 与 VP 级的薪酬差距 PICV 的均值为 1.512，标准差为 0.639，说

明我国主板和中小板上市公司的 CEO 级（总经理和董事长）的平均薪酬是其他 VP 级高管平均薪酬的 1.512 倍，说明我国上市公司高管之间的现金报酬差距也十分明显；同时，分组统计结果显示，国企 PICV 的均值为 1.4，而民企 PICV 的均值为 1.6，这一数据表明我国国有企业 CEO 与 VP 级高管的薪酬差距水平要远低于民营企业。③股权性质 SOE 的均值为 0.520，标准差为 0.500，说明本文的研究样本中近一半的上市公司是国有企业。④GOV 的均值为 2.08＞2，说明样本中省属国企和央企的数量大于市县级国企的数量。通过对研究样本的统计分析，本书的国有企业包括市县级国有企业 1098 家，省属国有企业 1230 家，央企 1395 家。其他变量的描述性统计也反映出本书研究样本在企业规模和企业年龄上存在很大的差异，同时负债水平较高、盈利能力较小、现金流较差、资本密度较高。

本书进一步对国企和民企在研发投入和晋升激励水平进行了均值 T 检验。如表 5-10 所示，检验结果显示：民营企业在研发投入强度和 CEO 与 VP 级高管的薪酬差距水平上要显著高于国有企业。这表明，我国民营企业更愿意增加研发投入，同时民营企业给予 CEO 更高的薪酬，CEO 与 VP 级高管的薪酬差距更大，这也间接表明了"限薪令"的实际效果。

表 5-10　民企和国企在研发投入、CEO 与 VP 级高管薪酬差距水平的均值比较

变量	组别	观察值	均值	标准差	均值 T 检验
RDS	民企	4015	0.0357	0.0342	−19.5864***
	国企	3722	0.0219	0.0270	(0.000)
RDA	民企	4015	1.9806	1.7401	−14.6640***
	国企	3722	1.4199	1.6130	(0.000)
PICV	民企	4015	1.6136	0.7068	−14.8342***
	国企	3722	1.401	0.5356	(0.000)

表 5-11　相关系数矩阵

	RDS	PICV	First	G	FS	FA	Lev	ROA	CASH	CI	SOE	GOV
RDS	1											
PICV	-0.008	1										
First	-0.132***	-0.075***	1									
G	0.316***	0.001	-0.069***	1								
FS	-0.199***	-0.046***	0.267***	-0.403***	1							
FA	-0.204***	-0.052***	-0.103***	-0.155***	0.294***	1						
Lev	-0.318***	-0.029*	0.087***	-0.426***	0.444***	0.310***	1					
ROA	0.084***	0.021*	0.060***	0.301***	0.001	-0.145***	-0.403***	1				
CASH	0.022**	0.055***	0.002	-0.004	-0.015	-0.233***	-0.068***	0.116***	1			
CI	-0.186***	0.009	0.047***	-0.171***	0.060***	0.031***	0.101***	-0.174***	0.260***	1		
SOE	0.217***	0.166***	-0.212***	0.218***	-0.290***	-0.417***	-0.289***	0.123***	0.091***	-0.128***	1	
GOV	0.081***	-0.065***	0.147***	0.083*	0.121***	-0.049***	-0.009	-0.001	-0.025	-0.063***	-0.058***	1

注: *、**、*** 分别代表双尾检验10%、5%、1%水平上显著。

表 5-11 报告了相关变量之间的 Pearson 相关系数。其中，变量 RDS 与 PICV 的相关系数为-0.008，初步说明 CEO 与 VP 级高管的薪酬差距可能与企业研发投入负相关。变量 PICV 与 SOE（民营企业为 1，国企为 0）的相关系数为 0.166，在 1% 的统计水平下显著，说明民营企业 VP 级晋升激励水平要显著高于国有企业，"限薪令"确实降低了国有企业 CEO 与 VP 级高管之间的薪酬差距水平。First、FS、FA、Lev、CI 与 RDS 显著负相关，说明股权越集中、企业规模越大、年龄越大、负债水平越高、固定资产投资强度越高的企业，其研发投入会越少。First、FS、FA、Lev 与 PICV 显著负相关说明，股权越集中、企业规模越大、年龄越大、负债水平越高的企业，CEO 与 VP 级高管之间的薪酬差距越小。所有变量之间的相关系数均小于 0.5，所以可以基本排除自变量和控制变量之间的多重共线性问题。

5.3.2 OLS 回归结果

本节以 2006~2015 年共 7737 家上市公司 Pool 数据为样本，运用 Stata11.0 统计软件分析了我国上市公司 CEO 与 VP 级高管的薪酬差距对企业研发投入的影响，以及终极产权性质和政府层级对上述两者之间关系的调节效应。具体回归结果见表 5-12。

表 5-12 高管薪酬差距、产权性质与企业研发投入

	RDS		
	模型 11	模型 12	模型 13
PICV	−0.00114** (0.00046)	−0.00055 (0.00057)	−0.00166* (0.00086)
PICV × SOE		−0.00075* (0.00045)	

续表

	RDS		
	模型 11	模型 12	模型 13
PICV × GOV			0.00126***
			(0.00034)
First	−0.00015***	−0.00016***	−0.00009***
	(0.00002)	(0.00002)	(0.00003)
G	0.00315***	0.00316***	0.00212***
	(0.00037)	(0.00037)	(0.00073)
FS	0.00071**	0.00066*	−0.00114***
	(0.00034)	(0.00034)	(0.00041)
FA	−0.00645***	−0.00678***	−0.01092***
	(0.00055)	(0.00060)	(0.00109)
Lev	−0.02284***	−0.02293***	−0.01258***
	(0.00227)	(0.00227)	(0.00269)
ROA	−0.03719***	−0.03655***	−0.0147
	(0.00804)	(0.00805)	(0.00990)
CASH	0.02645***	0.02671***	0.02312***
	(0.00668)	(0.00668)	(0.00848)
CI	−0.02148***	−0.02167***	−0.01776***
	(0.00217)	(0.00217)	(0.00247)
Time	控制	控制	控制
Ind	控制	控制	控制
Cons	0.01531**	0.01642**	0.03212***
	(0.00757)	(0.00760)	(0.01044)
N	7737	7737	3722
Adj–R^2	0.316	0.316	0.268
F	110***	100***	42.15***

注：***、**、* 分别代表双尾检验在 1%、5%、10% 水平上显著，模型 13 样本数 3722 为国企数量。

（1）从表 5–12 可知，在模型 11 中，变量 PICV 的系数为 −0.00114 < 0，在 5% 的置信水平下显著，说明我国上市公司 CEO 与 VP 级高管的薪酬差距与企业研发投入显著负相关，本书

的研究假设 H1b 得到证实，这一结果说明我国上市公司 CEO 与 VP 级高管的薪酬差距符合公平理论。

公平理论认为，所有人都十分关注公平、追求公平，每个人会将自己付出与回报的情况与其他人相比来判断报酬是否公平，一旦产生报酬"不公平"的感受会导致代理人自利或短视行为的出现。在本研究样本中，我国 CEO 与 VP 级高管的薪酬差距的均值为 1.5，说明这一差距水平已经引起 VP 级高管的不公平感，并产生自利行为——减少企业研发投入。

本书的结论表明，VP 级高管在报酬方面也表现出"不患贫而患不均"的态度，与之前张兴亮和夏成才（2016）的研究结论相似。张兴亮和夏成才（2016）认为，非 CEO 高管只在乎水平薪酬差距的公平性，而不在乎垂直薪酬差距的公平性。但本书的研究结果显示，VP 级高管也十分在乎其与 CEO 的垂直薪酬差距的公平性。

（2）在模型 12 中，PICV×SOE 这一交乘项的系数为-0.00075<0，在 10%的置信水平下显著，说明产权性质可以显著影响我国上市公司 CEO 与 VP 级高管的薪酬差距与企业研发投入的关系。本书根据模型 12 的回归结果绘制了图 5-3，由此图可知：非国有企业高管晋升激励对企业研发投入的显著负面影响要强于国

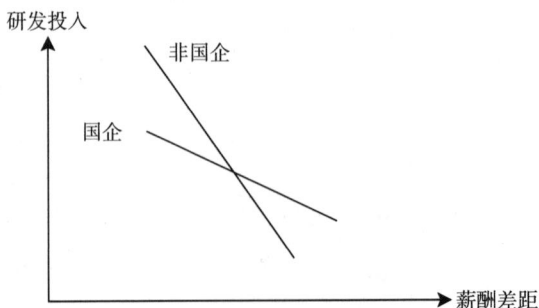

图 5-3 产权性质的调节效应

有企业，即本书的研究假设 H3a 得到证实。

之前的研究结论指出，我国上市公司 CEO 与 VP 级高管的薪酬差距与研发投入显著负相关，说明 CEO 与 VP 级高管的薪酬差距使得 VP 级高管产生不公平感。所以，不论国有企业，还是民营企业，CEO 与 VP 级高管的薪酬差距都会对研发投入产生负面影响。但是，"限薪令"政策直接降低了国有企业 CEO 与 VP 级高管的薪酬差距水平，从而能够缓解国企 VP 级高管的不公平感，减少国企 CEO 与 VP 级高管的薪酬差距的负面效应。因此，CEO 与 VP 级高管的薪酬差距对研发投入的负面影响在国企中相对较弱。此外，国企高管的政治晋升也会降低高管对内部晋升的关注度，这会削弱国企高管内部晋升所引起的不公平感受，由此国企 CEO 与 VP 级高管的薪酬差距的负面效应有所减弱。相比而言，民企 VP 级高管不存在"政治升迁"的可能，因而其 VP 级高管十分关注其与 CEO 的薪酬差距。同时，民营企业 CEO 与 VP 级高管的薪酬差距并未受到"限薪令"的影响，这一较大的晋升激励水平会引起 VP 级高管更强的"不公平"感受，因此民营企业 CEO 与 VP 级高管的薪酬差距对研发投入的负面影响要显著强于国有企业。

（3）在模型 13 中，PICV × GOV 的系数为 0.00126 > 0，在 1% 的置信水平下显著，说明政府层级会显著调节国有企业高管晋升激励对企业研发投入的影响。本书根据模型 13 的回归结果绘制了图 5-4，由此可知：央企和省级国企 CEO 与 VP 级高管的薪酬差距对企业研发投入都具有积极的影响，且央企 CEO 与 VP 级高管的薪酬差距对企业研发投入的积极影响要显著强于省级国有企业，而市县级国有企业 CEO 与 VP 级高管的薪酬差距与企业研发投入显著负相关。综合来看，国企 CEO 与 VP 级高管的薪酬差距对企业研发投入的积极影响在央企、省级国企和市县级国企依次减弱，本书的研究假设 H3b 得到证实。

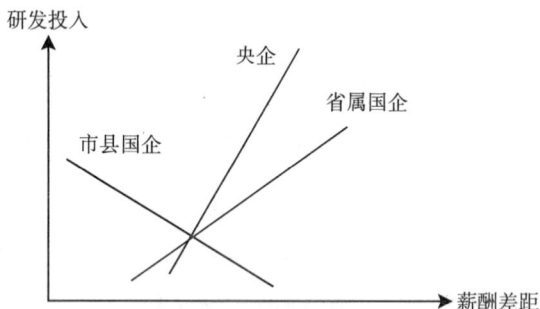

图 5-4　政府层级的调节效应

正如张霖琳等（2015）的研究指出，虽然都会受到政府干预的影响，但国有企业高管晋升激励的标准因隶属政府层级的不同也存在很大差异。一般而言，随着国企隶属行政级别的下降，政府干预的程度就越明显，高管晋升激励的考核标准越主观化、政治化。其中，央企的治理结构最为完备，市场化经营程度较高，因此其高管晋升激励基本上以业绩排名作为主要标准；而市县级国企因政府深度干预，晋升标准已经完全演变为政治紧密度；省级国有企业高管晋升激励标准则介于央企和市县级国企之间，业绩排名和政治紧密度都考虑。高管晋升标准扭曲程度的差异直接造成了国有企业 CEO 与 VP 级高管的薪酬差距对企业研发投入的影响在央企、省级国企和市县级国企依次减弱。

5.3.3　稳健性检验

本书采用 RDA（研发投入/总资产）替代 RDS（研发投入/营业收入）重复了上述的研究过程，并得到了表 5-13 中的模型

15~模型 17，这一回归结果再次证实：第一，CEO 与 VP 级高管的薪酬差距与企业研发投入显著负相关；第二，产权性质会显著调节 CEO 与 VP 级高管的薪酬差距与企业研发投入之间的关系；第三，政府层级会显著调节国有企业 CEO 与 VP 级高管的薪酬差距与企业研发投入之间的关系。总之，即便更换了因变量，本书仍得到了与之前相同的结论，表明上述研究结论具有较好的稳定性。

表 5–13　高管薪酬差距、产权性质与企业研发投入的稳健性检验

	RDA		
	模型 15	模型 16	模型 17
PICV	−0.06067** (0.02709)	−0.00341 (0.03406)	−0.10773* (0.05709)
PICV × SOE		−0.07265*** (0.02613)	
PICV × GOV			0.07851*** (0.02051)
First	−0.00179 (0.00117)	−0.00240** (0.00117)	0.00151 (0.00171)
G	0.09232*** (0.01785)	0.09339*** (0.01785)	0.0348 (0.03119)
FS	−0.06706*** (0.02031)	−0.07222*** (0.02060)	−0.14245*** (0.02291)
FA	−0.25293*** (0.03095)	−0.28466*** (0.03349)	−0.40330*** (0.05980)
Lev	0.0166 (0.11116)	0.00762 (0.11114)	−0.0156 (0.15643)
ROA	3.91647*** (0.44204)	3.97875*** (0.44670)	3.17889*** (0.60117)
CASH	0.497 (0.35677)	0.523 (0.35683)	0.730 (0.52529)
CI	−0.75226*** (0.12643)	−0.77091*** (0.12618)	−0.87747*** (0.16007)

续表

	RDA		
	模型 15	模型 16	模型 17
Time	控制	控制	控制
Ind	控制	控制	控制
Cons	1.94563*** (0.45164)	2.05399*** (0.45602)	2.61017*** (0.53526)
N	7737	7737	3722
Adj–R²	0.245	0.246	0.237
F	220***	210***	52.83***

注：***、**、* 分别代表双尾检验在 1%、5%、10%水平上显著，模型 3 和模型 6 样本数 3722 为国企数量。

5.3.4　内生性检验

公司层面的某些不可观测变量会同时影响到企业的晋升激励和研发投入，从而导致内生性问题。就本书的研究而言，追求创新的企业为了吸引合格的 CEO 往往会支付较高的薪酬，这样会造成 CEO 与 VP 级高管之间的晋升激励（薪酬差距）增大，因此，企业创新投入与晋升激励可能存在一定的内生性问题。我们通过以下两个手段来解决内生性问题：①在所有的模型中增加行业和时间的控制变量；②工具变量。

本书在选择工具变量时，主要参考了 Fisman 和 Svensson（2007）、Lin 等（2011）、李春涛和宋敏（2010）的方法。Fisman 和 Svensson（2007）把产权的行业—地区平均值作为企业产权的工具变量，这是因为：内生性问题存在于企业层面，而不是行业或区域层面。Lin 等（2011）、李春涛和宋敏（2010）认为：处于同一行业—地区的企业可能在当地的经理人市场争夺企业家，企业是否为管理层提供薪酬激励计划需要参考当地竞争对手提供的激励薪酬，而竞争对手提供的激励薪酬不应对本企业的创新产生直接的影响，所以 Lin 等（2011）、李春涛和宋敏（2010）将区域—行业平均值作为对应变量的工具变量。同理，本文采用同一行业—地区的上市公司 CEO 与 VP 级高管的薪酬差距的均值作为对应上市公司的 CEO 与 VP 级高管的薪酬差距的工具变量。其中，地区按照公司注册地所在的省份作为分类标准，行业是按照中国证监会行业分类 CSRC 前 2 位代码作为分类标准。由此，得到表 5-14 的结果。

表 5-14 基于工具变量的内生性检验

	RDS	
	行业—地区组合大于 2	行业—地区组合大于 3
	模型 18	模型 19
IV–PICV	−0.00176**	−0.00170**
	(0.00079)	(0.00084)
First	−0.00014***	−0.00014***
	(0.00002)	(0.00003)
Growth	0.00314***	0.00311***
	(0.00025)	(0.00026)
FS	0.00080**	0.00095**
	(0.00040)	(0.00042)
FA	−0.00613***	−0.00624***
	(0.00060)	(0.00062)
Lev	−0.02488***	−0.02520***
	(0.00233)	(0.00241)
ROA	−0.04230***	−0.04304***
	(0.00708)	(0.00729)
CASH	0.02415***	0.02280***
	(0.00738)	(0.00772)
CI	−0.02415***	−0.02445***
	(0.00261)	(0.00271)
Time	控制	控制
Ind	控制	控制

	RDS	
	行业—地区组合大于2	行业—地区组合大于3
	模型18	模型19
Cons	0.0114 (0.01782)	0.0336 (0.02828)
N	6434	6020
Adj-R²	0.287	0.269
F	81.79***	70.14***

注：***、**、*分别代表双尾检验在1%、5%、10%水平上显著；样本数因为工具变量计算损失有所减少。

表5-14中使用的工具变量是PICV的地区—行业平均值，这就需要在同一行业—地区组合中有多个观测变量，为了保证工具变量的合理性，我们将地区—行业组合的样本数最小设定为3，同时本书也参考李春涛和宋敏（2010）的方法将地区—行业组合的样本数设定为4，分别进行了回归分析。由表5-14的结果可知，不论行业—地区组合的样本数最小为3还是4，CEO与VP级高管的薪酬差距都与企业研发投入显著负相关，这一结果与之前的研究结论相一致。

5.3.5 小结

金字塔式的企业组织结构带来的差异化薪酬体系意味着企业内部晋升激励是一项长效措施，但现有研究很少分析企业内部晋升特别是高管晋升激励对企业研发投入的影响。针对这一不足，本书利用2006~2015年我国上市公司的相关数据，实证分析了CEO与VP级高管的薪酬差距对企业研发投入的影响，并得到如下结果：第一，CEO与VP级高管之间的薪酬差距越大，企业研发投入越低，说明我国上市公司VP级高管仍奉行

"不患寡而患不均"的公平主义；第二，因为"限薪令"，国有企业 CEO 与 VP 级高管的薪酬差距对企业研发投入水平的负面影响低于民营企业，说明政府干预一定程度上符合国企 VP 级高管的"不患寡而患不均"的思想；第三，央企和省属国企的 CEO 与 VP 级高管的薪酬差距对研发投入具有显著的积极影响，相反市县级国企的 CEO 与 VP 级高管的薪酬差距与其研发投入显著负相关，说明采用客观的晋升标准可以改变 CEO 与 VP 级高管的薪酬差距的影响。

根据本节的研究结论，可以得到以下几个方面的启示：第一，我国上市公司 CEO 与 VP 级高管的薪酬差距对企业研发投入具有显著的负面影响，这就意味着我国上市公司的 VP 级高管十分关注薪酬的公平性而非绝对数额的多寡。因此，建议在设计企业高管薪酬体系时，需要考虑到 VP 级高管的这一偏好，适当控制 CEO 与 VP 级高管的薪酬差距，减少因"不公平感"而产生的消极行为。第二，国企和非国企的 CEO 与 VP 级高管的薪酬差距对企业研发投入的影响存在显著差异。这一结论说明，"限薪令"在改进国企高管晋升激励效果上具有一定的积极作用。同时，就企业研发活动而言，民营企业较大的晋升激励未必能够实现其锦标激励效果。第三，国企 CEO 与 VP 级高管的薪酬差距对企业研发投入影响因政府层级不同而有所不同，特别是央企和省属国企的 CEO 与 VP 级高管的薪酬差距对研发活动都具有积极影响，而市县级国企 CEO 与 VP 级高管的薪酬差距对企业研发投入具有消极影响。这一结论说明，在控制薪酬差距的同时，建立客观化的晋升标准是提高企业内部晋升激励效果的关键所在。因此，应该进一步加强国有企业市场化经营体制的建立，特别是要加强市县级国有企业市场化薪酬体系、高管晋升标准和考核体系的建立和完善，以便保证高管晋升激励体系产生应有效果。

5.4 超额控制权的调节效应

5.4.1 OLS 回归结果

表 5-15 描述性统计

变量	观察值	均值	标准差	最小值	最大值
RDS	895	0.0135	0.0217	0.0000131	0.186
RDA	895	0.0404	0.0834	0.0000332	0.910
PICV	895	1.926	0.972	0	8.367
ECR	891	7.051	9.371	0	42.35
First	895	54.75	13.86	15.27	93.50
FS	895	10.30	3.887	2	22
FA	895	21.42	0.999	18.03	26.02
Lev	895	0.489	0.269	0.0329	3.873
ROA	895	0.233	0.145	−0.0595	0.902
Market	895	0.768	0.423	0	1
HR	895	0.319	0.185	0	1
Export	895	0.638	0.481	0	1
CASH	895	0.0748	0.0548	0.000470	0.433

从描述性统计的结果可以看出：①2005~2008 年我国上市公司的研发强度均值为 1.35%，与我国整体的研发投入水平基本接近，说明本书的研究样本具有较好的代表性，同时研发强度的

标准差远大于均值水平，说明我国上市公司的研发投入存在较大的差异；②高管之间的薪酬差距均值为 1.926，标准差为 0.972，说明我国 CEO 级别高管的薪酬约是非 CEO 级别高管薪酬的 2 倍，而且各公司之间的差异不大；③超额控制权的均值为 7.051，标准差为 9.371，说明我国上市公司终极控股股东的控制权与现金流权的分离程度较小，但企业之间差异很大。

除了上述主要自变量外，其他变量的描述性统计也反映了我国上市公司的其他特征：本书研究样本多来自于沿海发达地区，且多数都有出口业务，而且样本公司在人力资源、负债水平、盈利能力、企业年龄、企业规模和现金流这些方面的差异较小。

为了避免共线性的问题，本书分析了各变量之间的相关性系数和置信水平，如表 5-16 所示，所有变量之间的相关系数都小于 0.5，基本上可以排除共线性问题。此外，我们检查了各回归模型的膨胀因子 VIF，各模型的膨胀因子 VIF 均小于 10，也表明回归方程不存在共线性问题。

本书以 2005~2008 年共 891 家制造类上市公司 Pool 数据为样本，运用统计软件 Stata11.0 分析了高管之间薪酬差距对企业研发投入的影响。在此基础上，进一步分析了超额控制权与薪酬差距激励之间的冲突，以及这些冲突可能对企业研发投入产生的影响，具体分析结果见表 5-16。

表 5-16　相关系数矩阵

	PICV	ECR	First	Market	HR	Export	Lev	ROA	FA	FS	CASH
PICV	1										
ECR	0.0450	1									
First	-0.096***	0.144***	1								
Market	0.087***	0.079**	-0.0100	1							
HR	-0.0120	0.0330	0.0190	-0.057*	1						
Export	-0.0420	0.065*	-0.0380	0.142***	-0.231**	1					
Lev	-0.095***	0.0100	-0.153***	-0.079**	-0.073*	-0.0310	1				
ROA	0.074**	0.00100	0.121***	0.0490	0.441***	-0.144***	-0.223***	1			
FA	-0.0290	-0.0320	-0.337***	-0.0170	-0.083**	-0.0100	0.229***	-0.136***	1		
FS	-0.069**	0.0150	0.071**	-0.0500	-0.0450	0.0530	0.122***	-0.222***	0.172***	1	
CASH	0.0380	-0.0003	0.091***	0.00700	0.0460	-0.094***	-0.091***	0.188***	0.0110	-0.0390	1

注：*、**、***分别代表双尾检验在10%、5%、1%水平上显著。

表 5–17　超额控制权、薪酬差距与研发投入

	RDS	
	模型 20	模型 21
PICV	0.0016**	0.0005
	(1.99)	(0.89)
ECR	−0.00004	−0.00003
	(−0.70)	(−0.56)
PICV×ECR		0.0002**
		(2.28)
First	0.0001	0.0001
	(1.53)	(1.39)
Market	0.0011***	0.0011***
	(3.46)	(3.36)
HR	0.0185***	0.0185***
	(4.79)	(4.79)
Export	0.0024*	0.0026**
	(1.89)	(2.00)
Lev	−0.0062***	−0.0062***
	(−2.74)	(−2.76)
ROA	0.0374***	0.0384***
	(7.28)	(7.48)
FA	−0.0006***	−0.0006***
	(−3.56)	(−3.55)
FS	−0.0029***	−0.0030***
	(−4.67)	(−4.88)
CASH	0.0145	0.0143
	(1.31)	(1.30)
Time	控制	控制
Ind	控制	控制
Cons	0.0494**	0.0560***
	(2.27)	(2.59)
N	891	891
Adj–R²	0.416	0.417
F	21.46	20.91
Mean VIF	2.11	2.12

注：*、**、***分别代表双尾检验在 10%、5%、1%水平上显著；自变量都做了中心化处理。

由表 5-17 的回归结果，我们可以发现，各回归模型的 F 值和 Adj-R² 都处在较好的水平，同时各模型中主要自变量的系数说明：

（1）模型 20 中超额控制权 ECR 的系数为 -0.00004 < 0，统计上不显著，说明超额控制权与研发投入负相关，但不显著，本书的研究假设 H4a 没有得到证实。

同时，模型 20 中高管之间薪酬差距 PICV 的系数为 0.0016 > 0，在 5% 的置信水平下显著，说明高管之间薪酬差距与企业研发投入显著正相关，高管之间薪酬差距成为一种有效的激励措施，通过锦标赛可以引导管理层增加企业的研发投入，提升企业的长期盈利能力和发展潜力，从而证实了本书的研究假设 H4b。需要说明的是，虽然超额控制权与高管之间薪酬差距的系数正负相反，但不能就此断言终极控股股东与薪酬差距激励存在分歧，虽然薪酬差距可以有效激励管理层增加企业研发投入，但从超额控制权视角来看，终极控股股东并不会减少研发投入，因此两者并未构成有效冲突。

（2）模型 21 中 PICV × ECR 的系数为 0.0002 > 0，在 5% 的置信水平下显著，这说明终极控股股东的超额控制权会显著影响高管之间薪酬差距与研发投入的关系，即超额控制权是高管薪酬差距与研发投入两者关系的调节变量。进一步结合模型 21 中超额控制权、高管之间薪酬差距的系数，我们认为：超额控制权会影响高管之间薪酬差距与研发投入之间的关系，但不会显著改变上述两者之间的积极关系，这一结果与本书的研究假设 H4c 略有不同。

究其原因，我们认为：一方面，超额控制权并不会显著减少研发投入水平；另一方面，虽然薪酬差距对研发投入的负面激励效果非常显著，但薪酬差距尚未成为终极控股股东普遍采用的激励措施，因此终极控股股东并没有对此进行干预或影响，所以薪酬差距对研发的负面影响并没有显著加强。一般而言，薪酬差距会引起组织内部的不公平感，因此终极控股股东会注意到高管之间薪酬差距的现状及程度，从而影响到薪酬差距的激励效果。

模型 20 的研究结果表明，高管之间薪酬差距这一激励措施能够显著提升研发投入，但超额控制权并不能显著影响研发投入，而模型 21 的结果表明高管之间薪酬差距的激励效果受到超额控制权的影响。

总之，超额控制权的存在使得终极控股股东的成本收益不对等，企业的现金流权与控制权分离导致终极控股股东具有自利的动机和可能，对于薪酬差距的激励同样会产生影响。终极控股股东并不会影响到高管之间薪酬差距的激励效果。究其原因，一方面可能是因为高管之间薪酬差距的程度较低且合理，因此终极控股股东并没有干涉或影响；另一方面可能是因为终极控股股东尚未认识到高管之间薪酬差距的激励效果。

5.4.2　稳健性检验

为了检验本书主要结论的稳健性，采用研发投入/总资产来度量研发强度这一变量，将之前的实证分析过程重复后得到以下结果，由表 5-18 可知，所有主要变量与因变量的相关关系没有根本性改变，说明本书的研究结论具有较好的稳定性。

表 5-18　高管之间薪酬差距、超额控制权与企业研发投入的稳健性检验

	RDA	
	模型 22	模型 23
PICV	0.0046*	0.0047**
	(1.75)	(2.19)
ECR	−0.0003	−0.0002
	(−1.30)	(−0.98)
PICV × ECR		0.0004*
		(1.69)
First	0.0004**	0.0003**
	(2.51)	(2.58)
Market	0.0043***	0.0036***
	(4.26)	(4.36)
HR	0.0744***	0.0448***
	(6.00)	(5.18)
Export	0.00420	0.0053
	(1.01)	(1.58)
Lev	−0.0128*	−0.0092
	(−1.77)	(−1.58)
ROA	0.0261	0.0324**
	(1.58)	(2.44)
FA	−0.0015***	−0.0014***
	(−2.87)	(−3.18)
FS	−0.0055***	−0.0044***
	(−2.80)	(−2.77)
CASH	0.0864**	0.0607**
	(2.44)	(2.11)
Time	控制	控制
Ind	控制	控制
Cons	0.0697	0.0628
	(1.00)	(1.11)
N	891	891
Adj-R^2	0.331	0.339
F 值	17.23	15.26
Mean VIF	2.09	2.11

注：*、**、*** 分别代表双尾检验在 10%、5%、1%水平上显著；自变量都做了中心化处理。

5.4.3　进一步研究

在之前研究的基础上，本书统计了高管的基本薪酬和股票薪酬，并据此计算了包括基本薪酬和股票薪酬在内的薪酬差距指标，以此作为自变量对之前的分析进行再检验。

表 5-19　描述性统计

变量	观察值	均值	标准差	最小值	最大值
RDS	895	0.0135	0.0217	0.0000131	0.186
RDA	895	0.0404	0.0834	0.0000332	0.910
PICV	895	41.95	346.5	0	7506
ECR	891	7.051	9.371	0	42.35
First	895	54.75	13.86	15.27	93.50
Market	895	8.716	1.952	4.250	11.71
HR	895	0.132	0.113	0	0.915
Export	895	0.638	0.481	0	1
Lev	895	0.489	0.269	0.0329	3.873
ROA	895	0.233	0.145	−0.0595	0.902
FA	895	10.30	3.887	2	22
FS	895	21.42	0.999	18.03	26.02
CASH	895	0.0748	0.0548	0.000470	0.433

从描述性统计的结果可以看出：①2005~2008 年我国上市公司的研发强度均值为 1.35%，与我国整体的研发投入水平基本接近，说明本书的研究样本具有较好的代表性，同时研发强度的标准差远大于均值水平，说明我国上市公司的研发投入存在较大的差异；②高管之间的薪酬差距均值为 41.95，标准差为 346.5，说明我国 CEO 级别高管的薪酬约是非 CEO 级别高管薪酬的 42 倍，而且各公司之间的差异巨大；③超额控制权的均值

为 7.051，标准差为 9.371，说明我国上市公司终极控股股东的控制权与现金流权的分离程度较小，但企业之间差异很大。

除了上述主要自变量外，其他变量的描述性统计也反映了我国上市公司的其他特征：本书研究样本多来自于沿海发达地区，且多数都有出口业务，而且样本公司在人力资源、负债水平、盈利能力、企业年龄、企业规模和现金流这些方面的差异较小。

为了避免共线性的问题，本书分析了各变量之间的相关性系数和置信水平，如表 5-20 所示，所有变量之间的相关系数都小于 0.5，基本上可以排除共线性问题。此外，我们检查了各回归模型的膨胀因子 VIF，各模型的膨胀因子 VIF 均小于 10，也表明回归方程不存在共线性问题。

本书以 2005~2008 年共 891 家制造类上市公司 Pool 数据为样本，运用统计软件 Stata11.0 分析了高管之间的基本薪酬差距、高管与员工之间的基本薪酬差距股对企业研发投入的影响。在此基础上，我们进一步分析了超额控制权与薪酬差距激励之间的冲突，以及这些冲突可能对企业研发投入产生的影响，具体分析结果见表 5-21。

观察上述回归模型的结果，我们会发现，虽然薪酬差距计算的内容发生了变化，但薪酬差距对研发投入的激励效果没有任何变化。同时，超额控制权对不同类型的薪酬差距和研发投入关系的影响也没有发生任何显著变化。我们得到了与之前研究相同的结果。

表5-20 相关系数矩阵

	PICV	ECR	First	Market	HR	Export	Lev	ROA	FA	FS	CASH
PICV	1										
ECR	-0.0200	1									
First	0.0250	0.144***	1								
Market	0.113***	0.079**	-0.0100	1							
HR	0.0520	-0.00600	0.0450	0.106***	1						
Export	0.0390	0.065*	-0.0380	0.142***	-0.0480	1					
Lev	-0.0330	0.0100	-0.153***	-0.079**	-0.107***	-0.0310	1				
ROA	0.076**	0.00100	0.121***	0.0490	0.201***	-0.144***	-0.223***	1			
FA	-0.077**	-0.0320	-0.337***	-0.0170	-0.136***	-0.0100	0.229***	-0.136***	1		
FS	-0.0540	0.0150	0.071**	-0.0500	-0.082**	0.0530	0.122***	-0.222***	0.172***	1	
CASH	-0.0540	0	0.091***	0.00700	-0.0360	-0.094***	-0.091***	0.188***	0.0110	-0.0390	1

注：*、**、***分别代表双尾检验在10%、5%、1%水平上显著。

表5–21 超额控制权、薪酬差距与研发投入

	RDS	
	模型24	模型25
ECR	−0.00003	−0.00002
	(−0.49)	(−0.36)
PICV	0.00001***	0.0000003**
	(3.26)	(2.13)
PICV × ECR		−0.0000001*
		(−1.80)
First	0.0001	0.00004
	(1.32)	(1.11)
Market	0.0010***	0.0008***
	(3.27)	(2.94)
HR	0.0179***	0.0135***
	(4.66)	(2.64)
Export	0.0023*	0.00160
	(1.75)	(1.42)
Lev	−0.0066***	−0.0054***
	(−2.93)	(−2.71)
ROA	0.0370***	0.0381***
	(7.22)	(8.81)
FA	−0.0006***	−0.0006***
	(−3.48)	(−4.18)
FS	−0.0029***	−0.0025***
	(−4.79)	(−4.68)
CASH	0.0166	0.0115
	(1.51)	(1.19)
Time	控制	控制
Ind	控制	控制
Cons	0.0540**	0.0458**
	(2.51)	(2.42)
N	891	891
Adj–R^2	0.410	0.414
F	21.84	20.62
Mean VIF	1.46	1.34

注：*、**、*** 分别代表双尾检验在10%、5%、1%水平上显著；我们对上面的自变量都做了中心化处理。

为了检验本书主要结论的稳健性，我们采用研发投入/总资产替代研发投入/营业收入这一变量，将之前的实证分析过程重复后得到以下结果，由表 5-22 可知，所有主要变量与因变量的相关关系没有根本性改变，说明本书的研究结论具有较好的稳定性。

表 5-22 稳健性检验

	RDA	
	模型 26	模型 27
ECR	−0.00014 (−0.59)	−0.0001 (−0.71)
PICV	0.00002*** (3.33)	0.00002*** (3.15)
PICV × ECR		−0.000002** (−2.52)
First	0.00031* (1.79)	0.0002** (2.04)
Market	0.00448*** (3.76)	0.0029*** (3.56)
HR	0.07865*** (5.37)	0.0261* (1.72)
Export	0.000400 (0.08)	0.00190 (0.59)
Lev	−0.01606* (−1.89)	−0.0102* (−1.75)
ROA	0.0163 (0.84)	0.0424*** (3.31)
FA	−0.00137** (−2.16)	−0.0015*** (−3.50)
FS	−0.00664*** (−2.86)	−0.0038** (−2.42)
CASH	0.11805*** (2.82)	0.0717** (2.49)
Time	控制	控制

续表

	RDA	
	模型 26	模型 27
Ind	控制	控制
Cons	0.104 (1.27)	0.0599 (1.07)
N	891	891
Adj-R^2	0.427	0.341
F 值	22.39	15.41
Mean VIF	1.31	1.32

注：*、**、*** 分别代表双尾检验在 10%、5%、1%水平上显著；我们对上面的自变量都做了中心化处理。

5.5 经营风险的调节效应

5.5.1 基本分析

见表 5-23，由描述性统计结果可知：①2007~2015 年我国主板和中小板上市公司的研发强度 RDS 为 2.87%，远远高于 2015 年我国全社会研发投入强度水平 2.07%，说明我国上市公司的研发投入水平高于社会平均水平。同时，标准差为 0.0315，说明 2007~2015 年我国主板和中小板上市公司的研发投入存在较大的差异。②CEO 与 VP 级高管的薪酬差距 PICV 的均值为 1.506，标准差为 0.636，说明我国主板和中小板上市公司的 CEO级（总经理和董事长）的平均薪酬是其他 VP 级高管平均薪酬的 1.506 倍，说明我国上市公司高管之间的现金报酬差距也十分明

显；同时，分组统计结果显示，民企 PICV 的均值为 1.61，政府
直接控制国企 PICV 的均值为 1.43，政府间接控制国企 PICV 的
均值为 1.40，这一数据表明民营企业 CEO 与 VP 级高管的薪酬
差距显著高于国有企业，同时国企 CEO 与 VP 级高管的薪酬差
距整体相近且较低。③政府控制 Control 的均值为 0.552，标准差
为 0.582，说明本书的研究样本中民营企业的数量较多，而国有
企业的数量相对较少。进一步的统计发现，本书的研究样本中
包括了民营企业、政府间接控制企业和政府直接控制企业。其
他变量的描述性统计也反映出本书研究样本在企业规模和企业
年龄上存在很大的差异，同时负债水平较高、盈利能力较小、
现金流较差、资本密度较高。

表 5-23 描述性统计

	观测值	均值	标准差	最小值	最大值
RDS	6839	0.0287	0.0315	0.000113	0.190
RDA	6839	1.703	1.707	0.00609	8.872
PICV	6839	1.506	0.636	0.360	4.563
RISK	6839	0.201	0.149	0.0181	0.835
First	6839	35.55	15.05	2.197	85.23
Growth	6839	2.051	1.885	0.0646	31.42
FS	6839	22.13	1.229	18.88	27.96
FA	6839	2.287	0.542	0.693	3.258
Lev	6839	0.464	0.196	0.00797	3.331
ROA	6839	0.0390	0.0579	−1.128	0.390
CASH	6839	0.0552	0.0486	0	0.450
CI	6839	0.250	0.153	0	0.920
Market	6839	7.071	1.536	−6.750	9.650
Control	6839	0.552	0.582	0	2

表 5-24 报告了相关变量之间的 Pearson 相关系数。其中，变量 RDS 与 PICV 的相关系数为-0.003，初步说明 CEO 与 VP 级高管的薪酬差距与企业研发投入负相关。变量 PICV 与 RISK 的相关系数为 0.02，初步说明 CEO 与 VP 级高管的薪酬差距会随着经营风险的增加而扩大。变量 PICV 与 Control 的相关系数为 -0.148，在 1% 的统计水平下显著，说明 CEO 与 VP 级高管的薪酬差距在国企中较小，而在民营企业中较大。First、FS、FA、Lev、CI 与 RDS 显著负相关，说明股权越集中、企业规模越大、年龄越大、负债水平越高、固定资产投资强度越高的企业，其研发投入会越少。First、FS、FA、Lev、Control 与 PICV 显著负相关说明，股权越集中、企业规模越大、年龄越大、负债水平越高、政府控制力越强的企业，CEO 与 VP 级高管的薪酬差距越小。所有变量之间的相关系数均小于 0.5，基本排除自变量和控制变量之间的多重共线性问题。

5.5.2　OLS 回归结果

本书以 2007~2015 年共 6839 家制造类上市公司 Pool 数据为样本，运用统计软件 Stata11.0 分析了 CEO 与 VP 级高管的薪酬差距对企业研发投入的影响，以及经营风险对上述两者之间关系的影响，并在此基础上进一步分析了经营风险对 CEO 与 VP 级高管的薪酬差距与企业研发投入之间关系的影响在民营企业、政府间接控制国企和政府直接控制国企中的不同。具体结果汇总在表 5-25 中。

表 5-24 相关系数矩阵

	RDS	PICV	RISK	First	G	FS	FA	Lev	ROA	CASH	CI	Market	Control
RDS	1												
PICV	-0.003	1											
RISK	-0.020*	0.020	1										
First	-0.141***	-0.083***	0.085***	1									
G	0.314***	-0.004	0.009	-0.083***	1								
FS	-0.201***	-0.040***	0.091***	0.290***	-0.416***	1							
FA	-0.210***	-0.043***	-0.043***	-0.069***	-0.146***	0.264***	1						
Lev	-0.313***	-0.026**	0.088***	0.113***	-0.437***	0.446***	0.270***	1					
ROA	0.075***	0.020	0.086***	0.055***	0.284***	0.014	-0.117***	-0.398***	1				
CASH	0.017	0.050***	0.068***	-0.007	-0.013	0.015	-0.182***	-0.044***	0.108***	1			
CI	-0.176***	0.002	-0.079***	0.054***	-0.175***	0.062***	-0.002	0.085***	-0.171***	0.267***	1		
Market	0.044***	0.053***	-0.030***	-0.035***	0.052***	-0.119***	-0.125***	-0.086***	0.084***	0.011	-0.072***	1	
Control	-0.190***	-0.148***	-0.011	0.179***	-0.192***	0.226***	0.366***	0.251***	-0.112***	-0.068***	0.101***	-0.150***	1

注：*、**、*** 分别代表双尾检验在10%、5%、1%水平上显著。

表 5-25　高管薪酬差距、经营分析与企业研发投入

	RDS		
	模型 28	模型 29	模型 30
PICV	−0.00106**	−0.00301***	−0.00315***
	(0.00050)	(0.00081)	(0.00082)
PICV × RISK		0.00898***	0.00881***
		(0.00295)	(0.00295)
PICV × RISK × Control			0.00254*
			(0.00147)
RISK	0.00230	−0.01133**	−0.01345***
	(0.00221)	(0.00499)	(0.00507)
First	−0.00015***	−0.00015***	−0.00016***
	(0.00002)	(0.00002)	(0.00002)
G	0.00298***	0.00299***	0.00273***
	(0.00022)	(0.00022)	(0.00022)
FS	0.00072**	0.00072**	0.000100
	(0.00037)	(0.00037)	(0.00035)
FA	−0.00837***	−0.00842***	−0.00860***
	(0.00065)	(0.00065)	(0.00067)
Lev	−0.02261***	−0.02252***	−0.01788***
	(0.00220)	(0.00220)	(0.00201)
ROA	−0.03537***	−0.03540***	0.02520***
	(0.00664)	(0.00664)	(0.00707)
CASH	0.02906***	0.02864***	−0.01995***
	(0.00709)	(0.00709)	(0.00239)
CI	−0.02191***	−0.02178***	0.00076***
	(0.00241)	(0.00241)	(0.00022)
Market	0.00077***	0.00076***	−0.00016***
	(0.00022)	(0.00022)	(0.00002)
Time	控制	控制	控制
Ind	控制	控制	控制
Cons	0.00505	0.00816	0.0182
	(0.02709)	(0.02709)	(0.02710)
N	6839	6839	6839
Adj−R²	0.320	0.321	0.319
F	93.13***	90.91***	89.87***

注：***、**、*分别代表双尾检验在 1%、5%、10%水平上显著。

（1）从表 5-25 可知，在模型 28 中，PICV 的系数为 -0.00106 < 0，在 5% 的置信水平下显著，说明我国上市公司 CEO 与 VP 级高管的薪酬差距与企业研发投入显著负相关，符合公平理论，本书的研究假设 H1b 得到证实。

公平理论认为，所有人都十分关注公平、追求公平，每个人会将自己付出与回报的情况与其他人相比来判断报酬是否公平，一旦产生报酬"不公平"的感受就会导致代理人自利或短视行为的出现。在本研究样本中，我国上市公司 CEO 与 VP 级高管的薪酬差距的整体均值为 1.5，说明这一差距水平已经引起 VP 级高管的不公平感，并产生自利行为——减少企业研发投入。本书的结论表明，VP 级高管对于垂直薪酬差距也表现出"不患贫而患不均"的态度，弥补了之前张兴亮和夏成才（2016）"非 CEO 高管只在乎水平薪酬差距的公平性，而不在乎垂直薪酬差距的公平性"的研究结论。

（2）在模型 29 中，PICV×RISK 这一交乘项的系数为 0.00898 > 0，在 1% 的置信水平下显著，说明经营风险可以显著调节 CEO 与 VP 级高管的薪酬差距与企业研发投入的关系，本书的研究假设 H5a 得到证实。

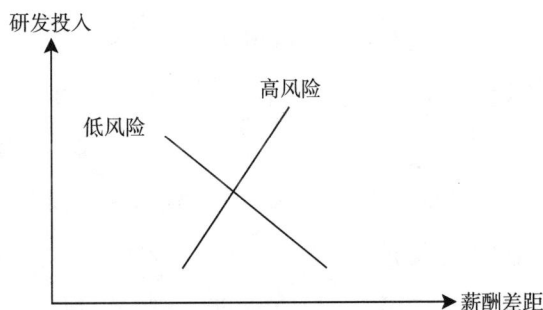

图 5-5　经营风险的调节效应

本书根据回归结果绘制了图5-5，并可知：当经营风险较高时，CEO与VP级高管的薪酬差距与研发投入显著正相关，符合锦标理论；当经营风险较低时，CEO与VP级高管的薪酬差距与研发投入显著负相关，符合公平理论。也就是说，随着经营风险由低到高，CEO与VP级高管的薪酬差距对企业研发投入的影响呈U形，这一结论与鲁海帆（2011）的观点"在经营风险从低到高的过程中，高管之间薪酬差距对业绩会产生先抑制后促进的影响"一致。

廖理等（2009）指出，随着经营风险的加大，企业的业绩不确定性会相应增加，业绩度量噪声和监督难度相应加大，这时只有将CEO与VP级高管的薪酬差距保持在较高的水平，才能缓解噪声干扰和监督难题，所以经营风险越高，CEO与VP级高管的薪酬差距的锦标激励效果就越显著。另外，鲁海帆（2011）认为，随着经营风险的加大，较大的CEO与VP级高管的薪酬差距可以促进VP级高管之间的"暗里竞争"，从而使得经营风险较大时，CEO与VP级高管的薪酬差距的锦标激励效果更佳。

（3）在模型30中，PICV × RISK × Control的系数为0.00254 > 0，在10%的置信水平下显著，说明经营风险对CEO与VP级高管的薪酬差距与企业研发投入两者之间关系的影响在民营企业、政府间接控制国企和政府直接控制国企中存在显著差异。

本书根据回归结果绘制了图5-6，并可知：当经营风险较低时，所有企业的CEO与VP级高管的薪酬差距与研发投入显著负相关；当经营风险较高时，CEO与VP级高管的薪酬差距与企业研发投入显著正相关，且在政府直接控制、政府间接控制和民营企业中依次减弱，本书的研究假设H5b得到部分验证。

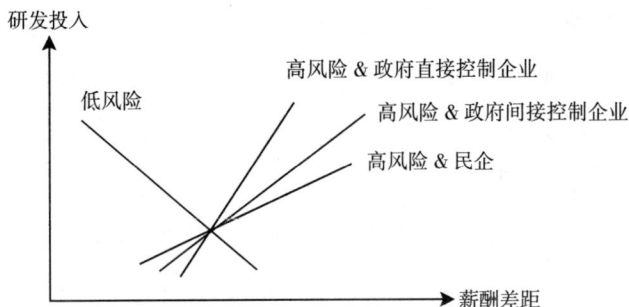

图5-6 经营风险和控制方式的联合调节效应

这可能是因为：

第一，较低的经营风险意味着较低的管理难度，这时经营风险对 CEO 和 VP 级高管在管理才能上的区分度不高，自然 VP 级高管也会认为其与 CEO 在才能上没有明显的差异。所以，不论是国企还是民企，人为设置甚至刻意拉大的薪酬差距会造成 VP 级高管的"不公平感"及自利行为，于是，经营风险较低时，CEO 与 VP 级高管的薪酬差距与企业研发投入显著负相关。

第二，经营风险较高时，经营难度和管理难度成倍增加，这时经营风险会有效甄别和反映出 CEO 与 VP 级高管在管理才能上的差异。根据人力资本理论，这时 CEO 与 VP 级高管的薪酬差距本质上是才能差异的体现，VP 级高管也会认识到自身与 CEO 在管理才能的差异，自然也就更容易认可和接受 CEO 与 VP 级高管之间的薪酬差距。接受"能者多劳多得"思想的 VP 级高管不会产生"不公平感"。于是，"能者多得"的思想会使得高管之间的薪酬差距产生锦标激励效应，自然 CEO 与 VP 级高管的薪酬差距与企业研发投入显著正相关。

第三，在经营风险较高时，CEO 与 VP 级高管的薪酬差距对企业研发投入的积极影响在政府直接控制国企、政府间接控制国企和民营企业中依次减弱，这主要是因为薪酬管制所衍生的高管政治晋升偏好在政府直接控制国企、政府间接控制国企和民营企业中有所不同。薪酬管制使得政治晋升成为国企高管激励的重要补充措施，而且国企高管的政治晋升偏好会促进研发投入的增加（周铭山和张倩倩，2016）。那么，作为薪酬管制的代表和信号，"缩小的国企 CEO 与 VP 级高管的薪酬差距"必然会催生高管的政治晋升偏好进而会促进研发投入的增加，而民企因不存在薪酬管制而无法产生上述作用，故而国企 CEO 与 VP 级高管的薪酬差距促进作用也会显著强于民营企业。同时，国企高管政治晋升会因政府控制方式的不同而不同。"政府与其直接控制的国有公司之间不存在其他层级，能够获得比较充分的公司经营信息，可以对经理人实施更有效的监督。"此正所谓，"近水楼台先得月"，这种熟悉和了解为政府直接控制国企高管的政治晋升提供了便利。而政府间接控制国有企业与政府部门之间还存在代理机构，政府对其高管的监督程度和了解程度有限，那么政府间接控制国企的高管政治晋升的可能性要低于政府直接控制国企，所以政府直接控制国企 CEO 与 VP 级高管薪酬差距对企业研发投入的影响会显著强于政府间接控制国企。

综上所述，当经营风险较高时，CEO 与 VP 级高管的薪酬差距对企业研发投入的积极影响在政府直接控制、政府间接控制和民营企业中依次减弱。

5.5.3 稳健性检验

本书采用 RDA（研发投入/总资产）替代 RDS（研发投入/营业收入）重复了上述的研究过程，如表 5-26 所示，模型 31~模型 33 的实证结果再次证实：第一，整体而言，CEO 与 VP 级高管的薪酬差距与企业研发投入显著负相关。第二，经营风险较低时，CEO 与 VP 级高管的薪酬差距与企业研发投入显著负相关；经营风险较高时，CEO 与 VP 级高管的薪酬差距与企业研发投入显著正相关。第三，当经营风险较高时，经营风险对 CEO 与 VP 级高管的薪酬差距与企业研发投入之间关系的影响在政府直接控制国企、政府间接控制国企和民企中有所差异。总之，即便更换了因变量，本书仍得到了与之前相同的结论，表明上述研究结论具有较好的稳定性。

表 5–26　高管之间薪酬差距、经营风险与企业研发投入的稳健性检验

	RDA		
	模型 31	模型 32	模型 33
PICV	−0.06018** (0.02858)	−0.12183*** (0.04632)	−0.12396*** (0.04676)
PICV × RISK		0.28417* (0.16798)	0.278 (0.16926)
PICV × RISK × Control			0.16399* (0.08420)
RISK	0.0265 (0.12587)	−0.405 (0.28433)	−0.435 (0.29053)
First	−0.000870 (0.00129)	−0.000880 (0.00129)	−0.000820 (0.00131)
G	0.08237*** (0.01270)	0.08267*** (0.01270)	0.11243*** (0.01246)
FS	−0.06521*** (0.02092)	−0.06519*** (0.02092)	−0.000410 (0.02003)
FA	−0.32312*** (0.03712)	−0.32459*** (0.03713)	−0.34501*** (0.03818)
Lev	−0.0110 (0.12553)	−0.00822 (0.12552)	−0.54371*** (0.11537)
ROA	3.82121*** (0.37834)	3.81994*** (0.37829)	0.87166** (0.40480)
CASH	0.460 (0.40375)	0.447 (0.40377)	−0.96607*** (0.13680)

续表

	RDA		
	模型 31	模型 32	模型 33
CI	−0.75227***	−0.74820***	0.10923***
	(0.13735)	(0.13736)	(0.01252)
Market	0.10282***	0.10248***	−0.000820
	(0.01238)	(0.01238)	(0.00131)
Time	控制	控制	控制
Ind	控制	控制	控制
Cons	1.70036**	1.79041**	0.663
	(0.85913)	(0.86066)	(0.85942)
N	6839	6839	6839
Adj−R^2	0.252	0.252	0.245
F	66.76***	65.00***	61.39***

注：***、**、* 分别代表双尾检验在 1%、5%、10%水平上显著。

5.5.4　内生性检验

追求创新的企业为了吸引合格的 CEO 往往会支付较高的薪酬，这样会造成 CEO 与 VP 级高管之间的薪酬差距增大，由此 CEO 与 VP 级高管的薪酬差距与企业研发投入可能存在一定的内生性问题。

本书通过以下两个手段来解决内生性问题在所有的模型中增加了：①行业、时间和地区的控制变量；②工具变量。李春涛和宋敏（2010）、Lin 等（2011）均认为：同一年度、同一地区、同一行业的企业为管理层提供薪酬激励计划时需要参考当地竞争对手的情况，但竞争对手的薪酬激励不会对本企业的创新产生直接影响，故同一年度、同一地区、同一行业，高管股权激励的平均值可作为企业高管股权激励的工具变量。根据这一思路，本书采用同一年度、同一地区、同一行业的所有上市

公司 CEO 与 VP 级高管薪酬差距的平均值作为样本公司 CEO 与
VP 级高管薪酬差距的工具变量。其中，以公司注册地所在省份
作为企业的地区分类标准，以中国证监会行业分类 CSRC 前 2 位
代码作为行业分类标准。本书将同一年度、同一地区、同一行
业的上市公司组合的最小样本数分别设定为 3 或 4，其回归结果
与之前发现一致。

表 5-27　基于工具变量的回归结果

	RDS	
	行业—地区组合大于 2	行业—地区组合大于 3
	模型 34	模型 35
IV–PICV	−0.00131** (0.00055)	−0.00117** (0.00057)
RISK	0.00242 (0.00251)	0.00260 (0.00261)
First	−0.00015*** (0.00003)	−0.00015*** (0.00003)
G	0.00299*** (0.00026)	0.00296*** (0.00027)
FS	0.000660 (0.00042)	0.00074* (0.00043)
FA	−0.00849*** (0.00073)	−0.00861*** (0.00075)
Lev	−0.02318*** (0.00246)	−0.02336*** (0.00255)
ROA	−0.03727*** (0.00732)	−0.03694*** (0.00754)
CASH	0.02509*** (0.00792)	0.02398*** (0.00831)
CI	−0.02478*** (0.00273)	−0.02525*** (0.00283)
Market	0.000270 (0.00029)	−0.00007 (0.00030)
Time	控制	控制

续表

	RDS	
	行业—地区组合大于 2	行业—地区组合大于 3
	模型 34	模型 35
Ind	控制	控制
Cons	0.0379 (0.02818)	0.0166 (0.02842)
N	5703	5353
Adj-R²	0.293	0.273
F	72.47***	61.92***

注：*、**、*** 分别代表双尾检验在 10%、5%、1%水平上显著。

表 5-27 中使用的工具变量是相应内生变量的地区—行业平均值，这就需要在同一行业—地区组合中有多个观测变量，为了保证工具变量的合理性，我们将地区—行业组合的样本数最小设定为 3，同时本书也参考李春涛和宋敏的方法将地区—行业组合的样本数设定为 4，分别进行了回归分析。由表 5-27 的结果可知，不论是行业—地区组合的样本数最小为 3 或者 4，CEO 与 VP 级高管的薪酬差距与企业研发投入显著负相关，这一结果与表 5-25 中模型 28 的结论相一致。

5.5.5 小结

基于锦标理论和公平理论，本书以我国 2007~2015 年沪深两市 A 股上市公司为研究样本，实证检验了我国企业 CEO 与 VP 级高管的薪酬差距对企业研发投入的影响以及经营风险对上述关系的影响，并在此基础上进一步分析了经营风险对上述关系的影响在政府直接控制国企、政府间接控制国企和民营企业中的差异。研究结果表明：第一，整体而言，我国上市公司 CEO

与 VP 级高管的薪酬差距与企业研发投入显著负相关。第二，当经营风险较低时，CEO 与 VP 级高管的薪酬差距与企业研发投入显著负相关；当经营风险较高时，CEO 与 VP 级高管的薪酬差距与企业研发投入显著正相关。第三，进一步研究发现，当且仅当经营风险较高时，CEO 与 VP 级高管的薪酬差距对企业研发投入的积极影响在政府直接控制国企、政府间接控制国企和民营企业中逐渐减弱。同时，由本书的研究结论可以得到以下几个方面的启示：

第一，总体而言，CEO 与 VP 级高管的薪酬差距不利于企业研发投入的增加，特别是在经营风险较低的企业或行业中这种不利影响更为明显。因此，在设计高管薪酬体系时，需要考虑企业所处行业的经营风险。诸如处于能源、通信等垄断行业和供暖、供水等特许经营行业的企业，其所面临的经营风险较低，内部高管的薪酬差距应当加以控制或适当缩小，避免产生"不公平感"及负面影响。如果按照一般的经理人薪酬市场化改革，其高管之间薪酬差距会不断扩大，这样会对企业研发活动产生消极影响。

第二，经营风险较高时，CEO 与 VP 级高管的薪酬差距具有积极的影响。因此，在设计高风险行业的高管薪酬体系时，需要根据企业经营风险的提高而灵活调整高管之间的薪酬差距，只有这样才能保证应有的激励效果。换言之，竞争性行业特别是完全竞争性行业的高管之间的薪酬差距应该随着经营风险的增加而增加。特别是对于身处竞争性行业的国有企业来说，应该拉大高管之间的薪酬差距，而非按照"限薪令"的要求降低高管之间的薪酬差距。因此，"限薪令"实际上适用于垄断型和特许经营型的国企，而非竞争型的国企。

第三，在经营风险较高的国企中，政治晋升已经成为高管激励的重要组成部分。在我国现有体制下，国企高管往往有一定的政治级别和"政治晋升"的机会，这一机制有助于强化国企高管的激励效果。特别是当国企高管之间的薪酬差距水平偏低时，这一补充机制就十分必要。而且，政企之间控制方式和紧密度不同，国企高管政治晋升的激励效果也有所不同。这表明，对于处于竞争性行业的国有企业，国企高管的政治待遇和政治晋升机会有其必然性和合理性。但同时，对于处于竞争性行业的国有企业，其经理人市场仍需进一步的市场化改革，逐步减少和去除行政级别及政治待遇，这样才能深化国企的市场化程度。

5.6 市场化程度的调节效应

5.6.1 基本分析

由表 5-28 可知：①2007~2015 年我国主板和中小板上市公司的研发强度 RDS 为 2.75%，远远高于 2015 年我国全社会研发投入强度水平 2.07%，说明我国上市公司的研发投入水平高于社会平均水平。同时，标准差为 0.0306，说明 2007~2015 年我国主板和中小板上市公司的研发投入强度存在较大的差异。②CEO 与 VP 级高管的薪酬差距 PICV 的均值为 1.503，标准差为 0.638，说明我国主板和中小板上市公司的 CEO 级（总经理和董事长）的平均薪酬是其他 VP 级高管平均薪酬的 1.5 倍左右，这表明我国上市公司 CEO 与 VP 级高管之间的薪酬差距十分明显，故而薪酬差距对于 VP 级高管而言很有吸引力。③SOE 的均值为 0.4592<0.5，说明本书的研究样本中国有企业的占比高于民营企业。④其他变量的均值和标准差也都反映了我国主板和中小板上市公司在其他方面的特征。

表 5-28　描述性统计

	观测值	均值	标准差	最小值	最大值
RDS	6187	0.0275	0.0306	0.000105	0.183
RDA	6187	1.655	1.692	0.00576	8.698
PICV	6187	1.503	0.638	0.356	4.563
First	6187	35.29	15.03	2.197	85.23
Growth	6187	0.506	9.395	−0.459	499.3
FS	6187	22.19	1.233	18.88	27.96
FA	6187	2.386	0.469	1.386	3.258
Lev	6187	0.476	0.195	0.00797	3.331
ROA	6187	0.0377	0.0584	−1.128	0.390
CASH	6187	0.0532	0.0474	0	0.450
CI	6187	0.251	0.156	0	0.920
Market	6187	7.042	1.546	−6.750	9.650
SOE	6187	0.4592	0.4984	0	1

　　为了避免多重共线性问题，我们分析了变量之间的相关性系数及置信水平，如表 5-29 所示。其中，PICV 与 Market 的相关系数为 0.055，在 1% 的置信水平下显著，说明随着企业所在地区市场化程度的提高，CEO 与 VP 级高管的薪酬差距也是显著扩大的。在整个相关系数矩阵中，FS 与 Lev 的相关系数最高为 0.430<0.5，其他变量之间的相关系数的水平更低，由此可以基本排除自变量和控制变量之间的共线性问题。

表 5-29 相关系数矩阵

	PICV	First	G	FS	FA	Lev	ROA	CASH	CI	Market	SOE
PICV	1										
First	-0.085***	1									
G	0.009	0.032**	1								
FS	-0.040***	0.308***	-0.004	1							
FA	-0.045***	-0.050***	0.017	0.231***	1						
Lev	-0.023*	0.135***	-0.008	0.430***	0.218***	1					
ROA	0.021*	0.050***	0.003	0.028***	-0.100***	-0.400***	1				
CASH	0.039***	-0.015	0.004	0.041***	-0.143***	-0.031*	0.103***	1			
CI	-0.004	0.062***	-0.014	0.070***	-0.019	0.076***	-0.168***	0.264***	1		
Market	0.055***	-0.035***	0.010	-0.107***	-0.119***	-0.083***	0.083***	0.004	-0.078***	1	
SOE	0.172***	-0.253***	0.028**	-0.248***	-0.354***	-0.249***	0.112***	0.047***	-0.119***	0.150***	1

注：***，**，* 分别代表双尾检验1%、5%、10%水平上显著。

5.6.2 OLS 回归结果

本书以 2007~2015 年共 6187 家上市公司 Pool 数据为样本，运用统计软件 Stata11.0 分析了 CEO 与 VP 级高管的薪酬差距对企业研发投入的影响，并进一步分析了市场化程度对上述两者之间关系的调节效应，以及市场化程度对上述两者之间关系的调节效应在不同产权性质企业中的差异，具体结果见表 5-30。

表 5-30 实证研究结果汇总

	RDS		
	模型 36	模型 37	模型 38
PICV	−0.00105** (0.00051)	−0.00749*** (0.00173)	−0.00764*** (0.00173)
PICV × Market		0.00083*** (0.00021)	0.00094*** (0.00022)
PICV × Market × SOE			−0.00011* (0.00006)
First	−0.00012*** (0.00002)	−0.00013*** (0.00002)	−0.00014*** (0.00002)
G	−0.000002 (0.00003)	−0.000002 (0.00003)	−0.0000001 (0.00003)
FS	−0.00107*** (0.00034)	−0.00113*** (0.00034)	−0.00119*** (0.00035)
FA	−0.00945*** (0.00076)	−0.00929*** (0.00076)	−0.00975*** (0.00080)
Lev	−0.02534*** (0.00222)	−0.02505*** (0.00222)	−0.02513*** (0.00222)
ROA	−0.01332** (0.00658)	−0.01337** (0.00658)	−0.01253* (0.00659)
CASH	0.04002*** (0.00740)	0.04055*** (0.00739)	0.04087*** (0.00739)
CI	−0.02552*** (0.00242)	−0.02534*** (0.00242)	−0.02555*** (0.00242)

	RDS		
	模型 36	模型 37	模型 38
Market	0.00076*** (0.00022)	−0.000440 (0.00038)	−0.000470 (0.00038)
Time	控制	控制	控制
Ind	控制	控制	控制
Cons	0.04018*** (0.01336)	0.05031*** (0.01360)	0.05176*** (0.01362)
N	6187	6187	6187
Adj–R²	0.309	0.310	0.310
F	84.64	82.79	80.55

注：***、**、*分别代表双尾检验1%、5%、10%水平上显著，括弧内为系数的标准差。

（1）从表 5-30 可知，在模型 36 中，PICV 系数为−0.00105 < 0，在 5%的置信水平下显著，说明我国上市公司 CEO 与 VP 级高管的薪酬差距与企业研发投入显著负相关，符合公平理论，本书的研究假设 H1b 得到证实。

公平理论认为，所有人都十分关注公平、追求公平，每个人会将自己付出与回报的情况与其他人相比来判断报酬是否公平，一旦产生报酬"不公平"的感受会导致代理人自利或短视行为的出现。在本研究样本中，我国上市公司 CEO 与 VP 级高管的薪酬差距的整体均值为 1.5，说明这一差距水平已经引起 VP 级高管的不公平感，并产生自利行为——减少企业研发投入。本书的结论表明，VP 级高管对于垂直薪酬差距也表现出"不患贫而患不均"的态度，弥补了之前张兴亮和夏成才（2016）"非 CEO 高管只在乎水平薪酬差距的公平性，而不在乎垂直薪酬差距的公平性"的研究结论。

（2）在模型 37 中，PICV × Market 的系数为 0.00083 > 0，在

1%的置信水平下显著，说明市场化程度可以显著调节 CEO 与
VP 级高管的薪酬差距与企业研发投入两者之间的关系，本书的
研究假设 H6a 得到证实。

本书根据模型 37 的回归结果绘制了图 5-7，并可知：整体
而言，CEO 与 VP 级高管的薪酬差距与企业研发投入显著负相
关；但市场化程度较高地区企业的 CEO 与 VP 级高管的薪酬差
距对研发投入的负面影响要显著弱于市场化程度较低地区。由
此可知，在我国各地，"不患寡而患不均"的传统思想仍旧占据
主导地位，VP 级高管整体上仍旧认可"平均主义"的思想。相
对而言，市场化程度越高的地区，企业内部薪酬差距水平越大，
这表明市场化程度较高地区的 VP 级高管在信奉"不患寡而患不
均"的同时，也能够接受"按劳分配，能者多得"的思想以及
薪酬差距，但在市场化程度较低的地区，VP 级高管对"能者多
得"和薪酬差距的接受程度较低。上述这种认知的差异会使不
同地区的 VP 级高管对相同薪酬差距的态度和感受有所不同。即
面对同样的薪酬差距水平，由于能够接受"能者多得"思想，
市场化程度较高地区的 VP 级高管的"不公平感"会远小于市场
化程度较低的地区。由此，CEO 与 VP 级高管的薪酬差距导致的
VP 级高管的"不公平感"在市场化程度较高的地区不显著，而

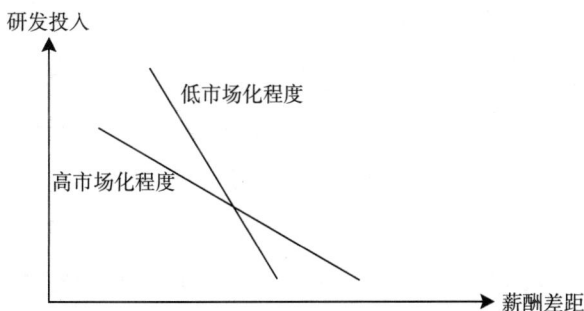

图 5-7 市场化程度的调节效应

在市场化程度较低的地区较显著。所以，市场化程度较高的东部地区的 CEO 与 VP 级高管的薪酬差距对企业研发投入的负面影响要显著弱于市场化程度较低的中西部地区。

（3）在模型 38 中，PICV × Market × SOE 的系数为 -0.00011 < 0，在 10% 的置信水平下显著，说明市场化程度对 CEO 与 VP 级高管的薪酬差距与企业研发投入两者之间的关系的调节效应在国有企业和民营企业中存在显著差异，本书的研究假设 H6b 得到证实。

本书根据模型 38 的回归结果绘制了图 5-8，并可知：整体而言，CEO 与 VP 级高管的薪酬差距与企业研发投入显著负相关。其中，市场化程度较低地区的 CEO 与 VP 级高管的薪酬差距对研发投入的负面影响在国企和民企中并不存在显著差异，而市场化程度较高地区的国有企业 CEO 与 VP 级高管的薪酬差距对研发投入的负面影响要显著弱于民营企业。这是因为：第一，市场化程度较低地区的高管之间薪酬差距的整体水平较小，"限薪令"会使得国企高管之间薪酬差距得到控制和缩小，但由于初始差距较小，故而"限薪令"的压制幅度也较小，因此国有企业和民营企业 CEO 与 VP 级的薪酬差距的水平相差不大，故市场化程度较低的地区企业 CEO 与 VP 级高管的薪酬差距对企业研发投入的负面影响在国企和民企中并没有显著差异。第二，在市场化程度较高地区，政府实施的"限薪令"可以显著降低这类地区国企 CEO 与 VP 级高管的薪酬差距水平，这在一定程度上可以减少"不患寡而患不均"的国企 VP 级高管"不公平感"，从而避免了国企 VP 级高管的自利行为增加。而民营企业因为不受"限薪令"的干预，其 CEO 与 VP 级高管的薪酬差距不会缩小，特别是与国企逐步缩小的 CEO 与 VP 级高管的薪酬差距相比，民营企业 CEO 与 VP 级高管的薪酬差距不变或扩大的现状会使"不患寡而患不均"的民企 VP 级高管会产生强烈的"不公平感"，进而导致其自利行为更显著。由此，市场化程度较高地区的国有企业的 CEO 与 VP 级高管的薪酬差距对研发投入的负面影响要显著弱于民营企业。

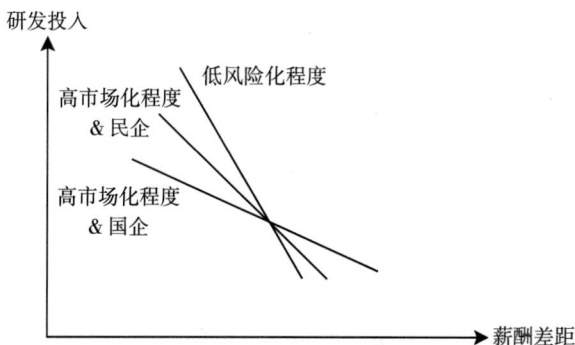

图 5-8　市场化程度和产权性质的联合调节效应

5.6.3　稳健性检验

本书采用 RDA（研发投入/总资产）替代 RDS（研发投入/营业收入）重复了上述的研究过程，如表 5-31 所示，模型 39~模型 41 的结果与之前相同，表明上述研究结论具有较好的稳定性。

表 5-31　高管薪酬差距、市场化程度与企业研发投入的稳健性检验

	RDA		
	模型 39	模型 40	模型 41
PICV	−0.05453* (0.02958)	−0.36983*** (0.09940)	−0.38654*** (0.09942)
PICV × Market		0.04086*** (0.01230)	0.05222*** (0.01270)
PICV × Market × SOE			−0.01225*** (0.00348)

	RDA		
	模型 39	模型 40	模型 41
First	0.000550 (0.00134)	0.000410 (0.00134)	−0.000450 (0.00136)
G	0.000740 (0.00200)	0.000740 (0.00200)	0.00102 (0.00200)
FS	−0.11281*** (0.01985)	−0.11603*** (0.01986)	−0.12252*** (0.01993)
FA	−0.38339*** (0.04346)	−0.37550*** (0.04349)	−0.42651*** (0.04581)
Lev	−0.177 (0.12791)	−0.163 (0.12788)	−0.172 (0.12779)
ROA	4.21239*** (0.37889)	4.20988*** (0.37858)	4.30369*** (0.37917)
CASH	1.03323** (0.42592)	1.05926** (0.42564)	1.09490** (0.42537)
CI	−0.90352*** (0.13929)	−0.89515*** (0.13920)	−0.91777*** (0.13922)
Market	0.10194*** (0.01277)	0.04287* (0.02188)	0.03933* (0.02188)
Time	控制	控制	控制
Ind	控制	控制	控制
Cons	1.38564* (0.76916)	1.88154** (0.78290)	2.04312*** (0.78352)
N	6187	6187	6187
Adj-R²	0.252	0.253	0.254
F	64.07	62.61	61.29

注：***、**、* 分别代表双尾检验 1%、5%、10%水平上显著，括弧内为系数的标准差。

5.6.4 内生性检验

追求创新的企业为了吸引合格的 CEO 往往会支付较高的薪酬，这样会造成 CEO 与 VP 级高管之间的薪酬差距增大，由此

CEO 与 VP 级高管的薪酬差距与企业研发投入可能存在一定的内生性问题。我们通过以下两个手段来解决内生性问题在所有的模型中增加了：①行业、时间和地区的控制变量；②工具变量。李春涛和宋敏（2010）、Lin 等（2011）均认为：同一年度、同一地区、同一行业的企业为高管提供薪酬激励计划时需要参考当地竞争对手的情况，而竞争对手的薪酬激励不会对本企业的创新产生直接影响，故同一年度、同一地区、同一行业的高管股权激励的平均值可作为工具变量。同理，本书采用样本公司同一年度且处于同一地区、同一行业的所有上市公司 CEO 与 VP 级高管的薪酬差距的平均值作为工具变量。其中，以公司注册地所在省份作为企业的地区分类标准，以中国证监会行业分类 CSRC 前 2 位代码作为行业分类标准。本书将同一年度、同一地区、同一行业组合的最小样本数分别设定为 3 或 4，其回归结果与之前发现一致，见表 5-32。

表 5-32 基于工具变量的回归结果

	RDS	
	行业—地区组合大于 2	行业—地区组合大于 3
	模型 42	模型 43
IV-PICV	−0.00169** (0.00080)	−0.00162* (0.00086)
First	−0.00012*** (0.00003)	−0.00012*** (0.00003)
G	−0.00003 (0.00012)	−0.00002 (0.00012)
FS	−0.00115*** (0.00039)	−0.00102** (0.00041)
FA	−0.00962*** (0.00084)	−0.00981*** (0.00087)
Lev	−0.02612*** (0.00248)	−0.02626*** (0.00258)

续表

	RDS	
	行业—地区组合大于 2	行业—地区组合大于 3
	模型 42	模型 43
ROA	−0.01605** (0.00728)	−0.01522** (0.00753)
CASH	0.03493*** (0.00824)	0.03390*** (0.00869)
CI	−0.02857*** (0.00274)	−0.02889*** (0.00285)
Market	0.000280 (0.00029)	−0.000006 (0.00031)
Time	控制	控制
Ind	控制	控制
Cons	0.06626** (0.02735)	0.05611** (0.02771)
N	5147	4814
Adj–R^2	0.285	0.264
F	65.20	54.94

注：***、**、* 分别代表双尾检验 1%、5%、10% 水平上显著；样本数因为工具变量计算损失有所减少。

5.6.5　小结

金字塔式的企业层级制度意味着企业内部薪酬差距是一个常态化的现象和机制，但现有研究很少分析 CEO 与 VP 级高管的薪酬差距对企业研发活动的影响。由此，本书采用我国上市公司的数据实证检验了 CEO 与 VP 级高管的薪酬差距对企业研发投入的影响，以及市场化程度对上述两者之间关系的调节效应，并进一步分析了市场化程度对上述两者之间关系的调节效应在国有企业和民营企业的差异。实证结果显示：第一，CEO 与 VP 级高管的薪酬差距与企业研发投入显著负相关，符合公平理论；第二，市场化程度会显著地调节 CEO 与 VP 级高管的薪酬差距与企业研发投入两者之间关系；第三，较高的市场化程度对 CEO 与 VP 级高管的薪酬差距与企业研发投入两者之间关系的调节效应在国有企业和民营企业有所不同。上述研究结果表明，我国 VP 级高管十分关注垂直薪酬差距的公平性，同时外部市场环境和制度都会改变 CEO 与 VP 级高管的薪酬差距的实际效果。

本书的结论给我们以下几个方面的启示：第一，在设计和改进企业高管薪酬时，需要综合考虑社会传统文化对 VP 级高管的影响，兼顾效率和公平，保证企业内部差异化薪酬制度"目标与实践的统一"。第二，差异性化薪酬的地域性差异。结合不同地区的市场化程度，因地制宜地设计和执行差异化的高管薪酬。第三，关注"限薪令"的积极意义。"限薪令"不仅降低了国企高管薪酬差距的绝对水平，同时也缩小了高管薪酬差距的水平。而且，"不患寡而患不均"的 VP 级高管是十分认可和支持"限薪令"的。

总之，企业高管内部薪酬差距是一项十分普遍的现象，企业在规划和设计企业高管差异化薪酬体系时，需要区分不同情境，综合考虑内外部因素可能对其实际效果的影响。

5.7　本章小结

本章我们采用 2007~2015 年上市公司的数据验证了之前提出的主要假设，证实了我国上市公司高管之间薪酬差距对企业研发投入的影响，以及企业规模、产权性质、超额控制权、经营风险和市场化程度对上述两者之间关系的调节效应。这一结果说明，在不同的组织情境下高管之间薪酬差距对企业研发投入的影响存在很大变化。本节之前的研究结果和主要结论汇总见表5-33，由此可以看出本书所提出的主要研究假设是否成立和得到验证。

表5-33 假设验证情况

类型	编号	具体假设	实证结果
高管之间薪酬差距对研发投入的影响	1	H1a：基于锦标理论，企业CEO与VP级高管的薪酬差距与研发投入显著正相关	通过
	2	H1b：基于公平理论，企业CEO与VP级高管的薪酬差距与研发投入显著负相关	通过
企业规模的调节效应	3	H2a：企业规模会显著影响CEO与VP级高管的薪酬差距与企业研发投入之间的关系	通过
	4	H2b：企业规模对CEO与VP级高管的薪酬差距与企业研发投入之间关系的影响在国有企业和民营企业中有所不同	通过
产权性质的调节效应	5	H3a：CEO与VP级高管的薪酬差距对企业研发投入的影响在产权性质不同的企业中有所不同，即CEO与VP级高管的薪酬差距对企业研发投入的影响在国企和民企中有所不同	通过
	6	H3b：CEO与VP级高管的薪酬差距对企业研发投入的影响在央企、省属国企和地市级国企中有所不同	通过
超额控制权的调节效应	7	H4a：超额控制权与研发投入显著负相关	未通过
	8	H4b：CEO级与其他管理者的薪酬差距与研发投入显著正相关	通过
	9	H4c：超额控制权与高管之间薪酬差距的激励在研发投入上存在明显的分歧，而且终极控股股东的超额控制权与高管间薪差激励的冲突对研发投入具有显著影响	部分通过
经营风险的调节效应	10	H5a：经营风险会显著调节CEO与VP级高管的薪酬差距对企业研发投入的影响	通过
	11	H5b：经营风险对CEO与VP级高管的薪酬差距与企业研发投入两者关系的调节效应在民营企业、政府间接控制国企和政府直接控制国企中存在显著差异	通过

续表

类型	编号	具体假设	实证结果
市场化程度的调节效应	12	H6a：CEO 与 VP 级高管的薪酬差距对企业研发投入的影响随所在地区的市场化程度不同而有所不同	通过
	13	H6b：市场化程度对 CEO 与 VP 级高管的薪酬差距与企业研发投入两者之间关系的调节效应在国有企业和民营企业中存在显著差异	通过

6

结论与展望

6.1 研究结论及创新点

6.1.1 研究结论

转型经济的制度背景决定了我国企业研发活动面临着完全不同于西方企业的环境，其中由于委托人和代理人之间存在着明显的利益分歧使得我国企业研发投入难以实现持续的增长，特别是国有企业的委托人缺位现象进一步加重了这一代理问题。与此同时，有效的代理人激励机制十分缺乏。在西方十分流行的高管期权激励由于制度因素在我国并未普及，导致我国企业研发活动面临着双重困境：第一类代理问题十分严重；缺乏有效的代理人激励机制。在这一背景下，本书从我国企业的实际情况出发，基于金字塔式组织结构所形成的级差式高管薪酬体系这一现状，尝试分析和探讨高管之间薪酬差距对企业研发投入的影响。在此基础上，本书进一步分析了企业特征和外部环境等诸多因素对高管之间薪酬差距与企业研发投入两者之间关系的调节效应，从而尝试回答和理解了不同组织情境下企业内部科层结构所具有的激励效应和对企业经营决策的具体影响。具体而言，本书研究主要取得了以下几个方面的结论：

（1）采用理论模型分析了高管薪酬差距所具有的风险激励效应。现代企业制度的建立导致管理层与股东的利益分歧，为协调这一利益分歧，各国普遍通过高管期权计划来解决这一代理问题。国外最新研究发现高管期权计划可能并不适用于激励企业研发活动，即高管期权计划不具有"长期视野、容忍失败和保证职位安全"这些特点。本书从企业组织结构的现状入手，运用博弈论和效用理论，尝试建立数理模型来分析金字塔式的组织结构所产生的级差式高管薪酬差距的风险激励效应。并在此基础上，进一步分析了"公平偏好"对高管之间薪酬差距激励效应的影响，从理论上证实了企业高管之间薪酬差距所具有的风险激励效应以及"公平偏好"对这一效果的改变。

（2）实证研究了高管之间薪酬差距对研发投入的影响。如前所述，研发投入关系到企业的竞争力和发展能力，但国内外有关公司治理与研发投入关系的研究主要基于股东—管理层之间的代理问题。同理，本书从我国企业的现实背景出发，尝试性地实证分析了高管之间薪酬差距对企业研发投入的影响，研究结果显示：CEO 与 VP 级高管之间的薪酬差距与研发投入显著负相关，这一结论符合公平理论，也反映出"公平主义"思想在我国的悠久历史和深远影响。同时也指出，我国企业非 CEO 高管不仅关注薪酬的水平差距，同时也十分关注薪酬的垂直差距。

（3）实证检验了企业规模、产权性质的调节效应。研发活动的"高风险和周期长"的特征容易导致高管的短视行为，同时高管之间薪酬差距所产生的消极影响导致高管自利行为的发生——减少企业研发投入。在此基础上，本书进一步分析了不同规模的企业中、不同产权性质的企业中高管之间薪酬差距对企业研发投入的差异影响。实证研究结果显示：企业规模会显著调节 CEO 与 VP 级高管之间薪酬差距与企业研发投入之间的关系，而且企业规模的这一调节效应在国有企业和民营企业中也会有显著差异。同时，企业产权性质也会显著调节 CEO 与 VP 级高管之间薪酬差距与企业研发投入之间的关系，而且产权性质的这一调节效应在央企、省属国企和市县国企中也存在显著差异。这一结果表明，企业特征会显著影响企业高管之间薪酬差距与企业研发投入两者之间的关系。

（4）终极控股股东与薪酬差距激励的冲突效应。现有研究发现：CEO 与非 CEO 高管的薪酬差距对企业价值具有显著的激励效应。在此基础上，本书采用我国上市公司的数据实证分析了高管之间薪酬差距与研发投入的关系，实证结果显示：高管之间薪酬差距对研发投入有显著的积极影响。而且，终极控股股东的超额控制权对薪酬差距的激励效应具有调节作用，但调节作用略有不同。具体而言，超额控制权会显著影响高管之间薪酬差距与研发投入的关系，但并不会改变两者之间的关系，即超额控制权只会影响高管之间薪酬差距的激励程度，但不会减弱高管之间薪酬差距的激励效果；超额控制权会显著改变高管与员工之间薪酬差距与研发投入的关系，即超额控制权会显著扭曲高管与员工之间薪酬差距的激励效果。

（5）实证检验了经营风险、市场化程度的调节效应。作为企业外部因素，经营风险和市场化程度会同时影响企业研发投入和企业高管之间的薪酬差距。由此，本书进一步检验了经营风险和市场化程度对企业高管之间薪酬差距与企业研发投入两者之间关系的调节效应。实证研究结果显示：经营风险会显著调节 CEO 与 VP 级高管之间薪酬差距与企业研发投入之间的关系，而且经营风险的这一调节效应在政府直接控制国有企业、间接控制国有企业和民营企业中也会有显著差异。同时，市场化程度也会显著调节 CEO 与 VP 级高管之间薪酬差距与企业研发投入之间的关系，而且市场化程度的这一调节效应在国有企业和民营企业中也存在显著差异。这一结果表明，企业外部环境会显著影响企业高管之间薪酬差距与企业研发投入两者之间的关系。

综上所述，本书的研究揭示了我国上市公司高管之间薪酬差距对企业研发投入的影响，以及这一影响在不同企业中的不同表现。这一研究揭示了金字塔式组织结构所具有的治理效应以及这一治理机制对企业研发活动的影响，本书的分析有助于我们更加客观、真实地了解企业内部薪酬差距的经济后果，加深对我国上市公司内部治理机制的了解和认识。

6.1.2　主要创新

企业研发投入的决定因素一直是创新和战略研究的热点问题，国内外都有大量文献对这一问题进行了探讨和分析。与国内外现有的研究不同，本书研究的主要创新之处有以下几个方面：

第一，本书构建了高管之间薪酬差距对研发投入影响的理论分析框架。博弈模型的分析结果显示：高管之间薪酬差距可以有效解决股东和管理层之间第 I 类代理问题，但"公平偏好"可以显著改变高管之间薪酬差距的风险激励效应，从而彻底改变高管之间薪酬差距的实际效果。

第二，本书实证检验了高管之间薪酬差距对企业研发投入的影响。本书采用 2007~2015 年我国上市公司的数据对高管之间薪酬差距与企业研发投入之间的关系进行了检验，实证结果显示：CEO 与 VP 级高管的薪酬差距与研发投入显著负相关，上述发现公平主义思想依旧在我国具有显著的影响，我国社会"公平偏好"的这一特点使得 VP 级高管十分关注垂直薪酬差距的公平性。

第三，本书进一步分析了企业特征（企业规模和产权性质）对高管之间薪酬差距与企业研发投入两者之间关系的调节效应。具体而言，企业规模会显著调节 CEO 与 VP 级高管之间薪酬差距与企业研发投入之间的关系，而且企业规模的这一调节效应在国有企业和民营企业中也会有显著差异。同时，企业产权性质也会显著调节 CEO 与 VP 级高管之间薪酬差距与企业研发投入之间的关系，而且产权性质的这一调节效应在央企、省属国企和市县国企中也存在显著差异。这一结果表明，企业特征会改变企业高管之间薪酬差距对企业研发投入的影响。

第四，薪酬差距激励也会引起高管与控股股东的利益冲突，但这一冲突对研发投入的影响存在差异。实证研究结果显示：CEO 与非 CEO 高管之间的薪酬差距对研发投入都具有激励效果，结合之前的分析，我们发现薪酬差距这一激励措施也会造成高管与控股股东之间在研发投入上的利益冲突。不过不同的是，终极控股股东是通过超额控制权来削弱薪酬差距的激励效果。这一发现再次证实了高管激励会造成高管与控股股东的利益冲突，而且终极控股股东会影响薪酬差距激励的效果。

第五，除了企业特征，本书还进一步分析了企业外部环境可能对高管之间薪酬差距与企业研发投入两者之间关系的调节效应。作为转型经济体，我国企业研发活动所面临的外部环境明显不同于西方企业，因此在这一特定环境下高管之间薪酬差距对企业研发投入的影响也会不同于西方企业。由此，本书实证研究发现，经营风险会显著调节调节 CEO 与 VP 级高管之间薪酬差距与企业研发投入之间的关系，而且经营风险的这一调节效应在政府直接控制、间接控制的国有企业和民营企业中也会有显著差异。同时，市场化程度也会显著调节 CEO 与 VP 级高管之间薪酬差距与企业研发投入之间的关系，而且市场化程度的这一调节效应在国有企业和民营企业中存在显著差异。这一结果表明，外部环境会改变企业高管之间薪酬差距对企业研发投入的影响。

综上所述，在转型经济体中第 I 类代理问题比较突出，特别是委托人缺位造成的代理问题十分严重，而解决这类问题的高管激励措施又十分有限，因而高管级差式报酬体系所形成的薪酬差距可能成为激励企业研发活动的重要措施。本书采用理论模型和实证检验的方法分析了我国企业内部高管之间薪酬差距对企业研发活动的影响。研究结果显示，由于"公平偏好"和"公平主义"思想的影响，CEO 与 VP 级高管的薪酬差距会显著抑制企业研发投入，而且在不同组织情境中上述两者关系也有所变化。这一研究结果显示不同社会文化背景下高管之间薪酬差距的实际影响会有所不同。更为重要的是，金字塔式的组织结构和级差式的报酬体系具有一定的治理功能，在特定的情境下能够显著缓解第 I 类代理问题。所以，本书的研究有助于我们正确认识高管薪酬差距这一现实及其影响，也有助于我们更加合理、科学地设计高管薪酬体系，从而降低企业内部的代理成本，促进企业治理机制的完善和内部治理效率的提升。

6.2 研究不足及展望

6.2.1 研究不足

虽然本书采用理论模型和实证性研究方法对高管之间薪酬差距与企业研发投入两者之间的关系进行了分析，但由于这一研究刚刚起步，因此本书还存在着以下几个方面的不足：

（1）研究样本。由于本书关注不同组织情境下高管之间薪酬差距对研发投入的影响，所以本书研究样本局限于进行研发投入的企业，这样就导致本书的研究样本规模比较有限。而且因为数据不足，本书研究采用 Pool 数据，而非 Panel 数据，这一不足可能会影响到研究结论。

（2）研究方法。在公司治理理论研究中，内生性问题是一个十分突出的问题。当然，从现有的研究来看，我们很难发现，采用高管激励措施主要是为了开展企业研发活动，也就是说尚无证据或逻辑显示两者之间存在共同的影响因素，但本书也采用了一定的方法来缓解内生性问题，但也无法排除其他未知影响因素所导致的内生性问题。所以，在本书研究中我们对这一问题有所认识，但也无法有效规避内生性问题对研究结论的影响。

（3）研究内容。本书尝试性地分析了高管之间薪酬差距对企业研发投入的影响这一问题。这一研究刚刚起步，因此其研究内容还有待丰富和发展，本书只是从研发投入的角度分析了高管薪酬差距的实际影响，而尚未分析和探讨高管薪酬差距对企业创新成果如专利申请的影响。

6.2.2　研究展望

针对本书中存在的主要不足，未来的研究内容和研究方向主要有以下几个方面：

（1）采用周期更长、更加完美的数据对高管之间薪酬差距对研发投入的影响进行再次分析和验证，从而检验本书结论的正确性，推动高管之间薪酬差距的研究。

（2）随着本领域研究的深入和发展，如何解决和规避本书研究中的内生性问题非常重要。这一问题直接关系到本书结论的稳定性和真实性，因此这一研究是未来主要的研究方向。

（3）基于本书的研究和国内现有的研究进展，有关高管之间薪酬差距的研究很少，有关我国现有文化背景下高管之间薪酬差距的实际影响有待于进一步检验，特别是有关高管薪酬差距对企业主要经营决策如盈余管理、股利政策、筹融资政策、投资政策等诸多经营活动会产生何种影响仍待进一步的探究。

参考文献

[1] Abel A B, Mailath G J. Financing losers in competitive markets [J]. Journal of Financial Intermediation, 1994, 3 (3): 139-165.

[2] Acs Z, Audretsch D B. R&D, Firm size, and Innovative activity [M]. Innovation and Technological Change: An International Comparison (ed. Z. J. Acs and D. B. Audretsch). New York: Harvester Wheatsheaf, 1991.

[3] Acs Z J, Audretsch D B, Feldman M P. Real Effect of Academic Research: Comment [J]. American Economic Review, 1992, 82: 363-367.

[4] Acs Z J, Audretsch D B. Innovation in Large and Small Firms: An Empirical Analysis [J]. American Economic Review, 1988, 78 (4): 678-690.

[5] Adams S. Jacobsen P R. Effects of wage inequities on work quality [J]. Journal of Abnormal and Social Psychology, 1964, 69 (1): 19-25.

[6] Adams J D, Chiang E P, Jesen. The Influence of Federal Laboratory R&D on Industrial Research [R]. NBER Working Paper, No.7612, 2000-03.

[7] Adams J S, Rosenbaum W B. The relationship of worker productivity to cognitive dissonance about wage inequalities [J]. Journal of Applied Psychology, 1962, 46: 161-164.

[8] Adams J S. Inequity in Social Exchange [J]. L. Berkowitz (Ed.), Advances in Experimental Social Psychology. New York, NY: Academic Press, 1965, 2: 267-299.

[9] Adams J S. Toward an understanding of inequity [J]. Journal of Abnormal and Social Psychology, 1963, 67 (5): 422-436.

[10] Aghion, P, John V R, Zingales L. Innovation and Institutional Ownership [R]. NBER Working Paper 14769, 2009.

[11] Agrawal A, Knoeber C R. Firm performance and mechanisms to control agency problems between managers and shareholders [J]. Journal of Financial and Quantitative Analysis, 1996, 31 (10): 377-397.

[12] Aharony J, Wang J, Yuan H. Related party transactions: The "real" means of earnings management during the IPO process in China [J]. Mimeo, Singapore National University, 2005.

[13] Ali A, Chen T Y, Radhakrishnan S. Corporate disclosures by family firms [J]. Journal of Accounting and Economics, 2007, 44 (4): 238-286.

[14] Allen F, Gale F. Diversity of opinion and financing of new technologies [J]. Journal of Financial Intermediation, 1999, 8 (8): 68-89.

[15] Amoako-Adu B, Baulkaran V, Smith B F. Executive Compensation in Firms with Concentrated Control: The Impact of Dual Class Structure and Family Management [R]. Wilfrid Laurier

University, Working Paper, 2010.

[16] Amore M D, Failla V. Pay Dispersion and Executive Behaviour: Evidence from Innovation [J]. British Journal of Management, 2018.

[17] Anderson M C, Banker R D, Ravindran S. Executive compensation in the information technology industry[J]. Management Science, 2000, 46 (4): 530-547.

[18] Anderson R, Mansi S, Reeb D. Founding family ownership and the agency cost of debt [J]. Journal of Financial Economics, 2003, 68 (3): 263-285.

[19] Andres C. Large shareholders and firm performance—an empirical examination of founding-family ownership [J]. Journal of Corporate Finance, 2008, 14 (4): 431-445.

[20] Ang J S, Hauser S, Lauterbach B. Contestability and pay differential in the executive suites [J]. European Financial Management, 1998 (4): 335-360.

[21] Arngrim H. Internal wage dispersion and firm performance: White-collar evidence [J]. International Journal of Manpower, 2009, 30 (8): 776-796.

[22] Aslan H, Kumar P. Controlling Shareholders, Ownership Structure and Bank Loans [R]. Working Paper, 2008.

[23] Atanasov V. How much value can blockholders tunnel? Evidence from the Bulgarian mass privatization auctions [J]. Journal of Financial Economics, 2005, 76 (8): 191-234.

[24] Attig et al. Effects of Large Shareholding on Information Asymmetry and Stock Liquidity [J]. Journal of Banking and Finance,

2006, 30 (6): 2875-92.

[25] Attig N, Gadhoum Y, Lang HPL. Bid-Ask Spread, Asymmetric information and Ultimate Ownership [R]. Saint Mary's University, University of Quebec in Montreal and Chinese University of Hong Kong, Working Paper, 2002.

[26] Attig N, Guedhami O, Mishra D. Multiple large shareholders, control contests, and implied cost of equity [J]. Journal of Corporate Finance, 2008, 14 (5): 721-737.

[27] Attig N. Excess Control and the Risk of Corporate Expropriation: Canadian Evidence [J]. Canadian Journal of Administrative Sciences, 2007, 24 (2): 94-106.

[28] Audretsch D B, Feldman M. R&D Spillovers and the Geography of Innovation and Production[J]. American Economic Review, 1996, 86 (4): 253-273.

[29] Audretsch D B. Agglomeration and Location of Innovative Activity [J]. Oxford Review of Economic Policy, 1998, 14 (2): 18-29.

[30] Bae K, Kang J, Kim J. Tunneling or value added? Evidence from mergers by Korean business groups [J]. Journal of Finance, 2002, 57 (6): 2695-2740.

[31] Bae K H, Kang J K, Kim J M. Tunnelling or value added? Evidence from mergers by Korean business groups [J]. Journal of Finance, 2002, 57 (12): 2695-2740.

[32] Baek J S, Kang J K, Lee I. Business groups and tunnelling: Evidence from private securities offerings by Korean chaebols [J]. Journal of Finance, 2006, 61 (7): 2415-2449.

［33］ Baek J S, Kang J K, Park K S. Corporate governance and firm value: Evidence from the Korean financial crisis ［J］. Journal of Financial Economics, 2004, 71 (9): 265-313.

［34］ Baker G, Gibbs M, Holmström B. The internal economics of the firm［J］. Quarterly Journal of Economics, 1994 (109): 881-919.

［35］ Balkin D B, Markman G D, Gomez-Mejia L R. Is CEO Pay in High-Technology Firms Related to Innovation? ［J］. Academy of Management Journal, 2000, 43 (6): 1118-1120.

［36］ Bantel K A, Jackson S E. Top Management and Innovation in Banking: Does the Composition of the Top Team Make a Difference? ［J］. Strategic Management Journal, 1989, 10 (1): 107-124.

［37］ Bany-Ariffin A N, Fauzias M N, Carl B M J. Pyramidal Structure, Firm Capital Structure Exploitation and Ultimate Owners' Dominance［J］. International Review of Financial Analysis, 2010, 19 (5): 151-164.

［38］ Barberis N, Thaler R, A survey of behavioral finance ［M］. G. M. Constantinides, M. Harris, and R. Stultz (eds.), Handbook of the Economics of Finance, North Holland, Amsterdam. 2003.

［39］ Barker V L, Mueller G C. CEO Characteristics and firm R&D spending ［J］. Management Science, 2002, 48 (6): 782-801.

［40］ Barontini R, Caprio L. The Effect of Ownership Structure and Family Control on Firm Value: Evidence from Continental Europe ［J］. European Financial Management, 2006, 45 (12): 689-

723.

［41］Baysinger B，Hoskisson R E. Diversification Strategy and R&D Intensity in Multiproduct Firms ［J］. Academy of Management Journal，1989，32（2）：310-332.

［42］Baysinger B D，Kosnik R D，Turk T A. Effects of Board and Ownership Structure on Corporate R&D Strategy ［J］. Academy of Management Journal，1991，34（1）：205-215.

［43］Baysinger B D，Kosnik R D，Turk T A. Effects of Board and Ownership Structure on Corporate R&D Strategy ［J］. A-cademy of Management Journal，1991，34（1）：205-215.

［44］Bebchuk et al. A preliminary investigation of a protein kinase C inhibitor in the treatment of acute mania ［J］. Archives of General Psychiatry，2000，57（1）：95-97.

［45］Bebchuk F. Executive compensation as an agency problem ［J］. Journal of Economic Perspectives，2003，34（4）：17-92.

［46］Bebchuk L A，Cremers M，Peyer U. CEO centrality ［D］. Harvard Law and Economics Discussion Paper，Harvard University，Cambridge，MA. 2008：601.

［47］Bebchuk L A，Cremers M，Peyer U. The CEO Pay Slice ［J］. Journal of Financial Economics，2011，102（1）：199-221.

［48］Bebchuk L A，Fried J M. Pay without Performance：Overview of the Issues ［J］. Journal of Applied Corporate Finance，2005，17（4）：8-22.

［49］Becker B. Wealth and executive compensation ［J］. Journal of Finance，2006，61（1）：379-397.

［50］Belot F. Excess control rights and corporate acquisitions

［R］. University of Paris–dauphine, Working Paper, 2010.

［51］ Ben–Amar W, André P. Separation of ownership from control and acquiring firm performance: The case of family ownership in Canada ［J］. Journal of Business Finance & Accounting, 2006, 33 (3/4): 517–543.

［52］ Bergstrom C, Rydqvist K. Ownership of equity in dual–class firms ［J］. Journal of Banking and Finance, 1990, 14 (9): 255–269.

［53］ Berrone P, Surroca J, Tribó J A. The Influence of Blockholders on R&D Investments Intensity: Evidence from Spain ［R］. Working Paper 05–46, Departamento de Economía de la Empresa, 2005.

［54］ Bertrand M, Mehta P, Mullainathan S. Ferreting out tunnelling: An application to Indian business groups ［J］. Quarterly Journal of Economics, 2002, 117 (11): 121–148.

［55］ Beyer M et al. Managerial Ownership, Entrenchment and Innovation ［J］. Economics of Innovation and New Technologr, 2012, 21 (7): 679–699.

［56］ Bhagat S, Welch Ivo. Corporate Research and Development Investment: International Comparison ［J］. Journal of Accounting and Economics, 1995, 19 (4): 443–470.

［57］ Bigelli M, Mengoli S. Sub–optimal acquisition decisions under a majority shareholder system ［J］. Journal of Management & Governance, 2004, 8 (4): 373–405.

［58］ Billings B A, Musazi B G N, Moore J W. The Effect of Funding Source and Management Ownership on the Productivity of

R&D [J]. R&D Management, 2004, 34 (3): 281−294.

[59] Bingley P, Eriksson T. Pay spread and skewness, employee effort and firm productivity [R]. Department of Economics, Aarhus School of Business, Working Paper, No.2.

[60] Bitler M P, Moskowitz T J, Vissing−Jorgensen A. Testing agency theory with entrepreneur effort and wealth [J]. Journal of Finance, 2005, 60 (2): 539−576.

[61] Bliss R T, Rosen R J. CEO compensation and bank mergers [J]. Journal of Financial Economics, 2001, 61 (1): 107−138.

[62] Bloom M, Michel J G. The relationships among organizational context, pay dispersion, and managerial turnover [J]. Academy of Management Journal, 2002, 45 (1): 33−42.

[63] Bloom M. The performance effects of pay dispersion on individuals and organizations [J]. Academy of Management Journal, 1999 (42): 25−40.

[64] Bloom N, Griffith R, Van Reenen John. Do R&D Tax Credit Work? Evidence from an International Panel of Countries 1979−1997 [J]. Journal of Public Economics, 2002 (85): 1−31.

[65] Blundell R, Griffith R, Van Reenen J. Market Share, Market Value and Innovation in a Panel of British Manufacturing Firms [J]. Review of Economic Studies, 1999, 66 (3): 529−554.

[66] Bond S, Harhoff D, Van Reenen J. Investment, R&D and Financial Constraints in Britain and Germany [R]. Institute of Fiscal Studies Working Paper, No.W99/05, 1999−01.

[67] Boone et al. The Determinants of Corporate Board Size

and Composition: An Empirical Analysis [J]. Journal of Financial Economics, 2007, 85 (6): 66-101.

[68] Boot A W A, Gopalan R, Thakor A V. Market liquidity, investor participation and managerial autonomy: Why do firms go private? [J]. Journal of Finance, 2008, 63 (3): 2013-2059.

[69] Boot A W A, Gopalan R, Thakor A V. The entrepreneur's choice between private and public ownership[J]. Journal of Finance, 2006, 61 (1): 803-836.

[70] Boot AWA, Thakor AV. Disagreement and managerial autonomy: A theory of optimal security issuance and capital structure [R]. Washington University, Working Paper, 2010.

[71] Boubaker S. On the relationship between ownership control structure and debt financing: New evidence from France [J]. Economica, 2005, 9 (3): 5-38.

[72] Boubakri N, Ghouma H.Control/Ownership Structure, Creditor Rights Protection and the Debt Financing Costs and Ratings: International Evidence[J]. Journal of Banking & Finance, 2010, 34 (10): 2481-2499.

[73] Bougheas S, Goerg H, Strobl E. Is R&D Financially Restrained? Theory and Evidence from Irish Manufacturing [D]. Leverhulme Center, University of Nottingham, GEP Research Paper No.2001/16, 2001.

[74] Bound J et al. Who does R&D and who patents? [R]. R&D, Patents and Productivity (ed. Z. Griliches). Chicago: University of Chicago Press for the National Bureau of Economic Research, 1984: 21-54.

［75］ Bozec Y, Laurin C. Large Shareholder Entrenchment and Performance—Empirical Evidence from Canada ［J］. Journal of Business Finance and Accounting, 2008, 35 (1–2): 25–49.

［76］ Bozec Y, Laurin C.Large shareholder entrenchment and performance: Empirical evidence from Canada ［J］. Journal of Business Finance&Accounting, 2008, 35 (1): 25–49.

［77］ Brown M P, Sturman M C, Simmering M J. Compensation policy and organizational performance: the efficiency, operational, and financial implications of pay levels and structure［J］. Academy of Management Journal, 2003, 46 (6): 752–762.

［78］ Bushee B J. The Influence of Institutional Investors on Myopic R&D Investment Behavior ［J］. The Accounting Review, 1998, 73 (3): 305–333.

［79］ Busom I. An Empirical Evaluation of the Effects of R&D Subsidies ［J］. Economics of Innovation and New Technology, 2000, 9 (2): 111–148.

［80］ Busom I. An Empirical Evaluation of the Effects of R&D Subsidies ［J］. Economics of Innovation and New Technology, 2000, 9 (2): 111–148.

［81］ Buysschaert A, Deloof M, Jegers M. Equity sales in Belgian corporate groups: expropriation of minority shareholders? A clinical study ［J］. Journal of Corporate Finance, 2004, 10 (1): 81–103.

［82］ Caprio L, Croci E, Del–Giudice A. Ownership Structure, Family Control, and Acquisition Decisions ［J］. Journal Corporate Finance, 2011, 17 (5): 1636–1657.

［83］ Carpenter M A, Sanders W G. The effects of top management team pay and firm internationalization on MNC performance [J]. Journal of Management, 2004, 30 (4): 509-528.

［84］ Certo et al. Wealth and the effects of founder management among IPO stage new ventures [J]. Strategic Management Journal, 2001, 22 (11): 641-59.

［85］ Chaganti R, Sambharya R. Strategic Orientation and Characteristics of Upper Management [J]. Strategic Management Journal, 1987, 8 (8): 393-401.

［86］ Chang SC, Wu WY, Wong YJ. Family Control and Stock Market Reactions to Innovation Announcements [J]. British Journal of Management, 2010, 21 (3): 152-170.

［87］ Chen HL, Hsu WT. Family ownership, board independence, and R&D investment [J]. Family Business Review, 2009 (22): 347-362.

［88］ Chen J, Ezzamel M, Cai Z. Managerial power theory, tournament theory, and executive pay in China [J]. Journal of corporate finance, 2011, 17 (4): 1176-1199.

［89］ Cheng S J. R&D Expenditures and CEO Compensation [J]. The Accounting Review, 2004, 79 (2): 305-328.

［90］ Chernykh L. Ultimate Ownership and Control in Russia [J]. Journal of Financial Economics, 2008, 88 (1): 169-192.

［91］ Cheung Y L, Rau P R, Stouraitis A. Tunnelling, propping and expropriation: Evidence from connected party transactions in Hong Kong [J]. Journal of Financial Economics, 2006, 82 (9): 343-386.

[92] Christian A et al.Optimal executive compensation: Should private benefits be prohibited [J]. Revued Economie Politique, 2006, 34 (6): 831-846.

[93] Chu SYT. Ultimate Ownership and the Cost of Capital [D]. The Chinese University of Hong Kong, 2008.

[94] Chung K, Pruitt S. Executive ownership, Corporate value, and Executive compensation: A unifying framework [J]. Journal of Banking & Finance, 1996, 20 (9): 1135-1159.

[95] Claessens S, Djankov S, Lang LHP. The separation of ownership and control in East Asian corporations [J]. Journal of Financial Economics, 2000, 58 (4): 81-112.

[96] Claessens S, Djankov S. Managers, Incentives, and Corporate Performance: Evidence from the Czech Republic [R]. World Bank, Working Paper, 1998.

[97] Cohen W M, Klepper S. A Reprise of Size and R&D [J]. The Economic Journal, 1996, 106: 925-951.

[98] Cohen W M, Levin R, Mowery D. Firm size and R&D intensity: A re-examination [J]. Journal of Industrial Economics, 1987 (35): 543-565.

[99] Coles J, Daniel N, Naveen L. Boards: Does one size fit all? [J]. Journal of Financial Economics, 2008, 87 (2): 329-356.

[100] Coles J L, Naveen D D, Naveen L. Managerial incentives and risk-taking [J]. Journal of Financial Economics, 2004 (79): 431-468.

[101] Conyon M J, Peck S I, Sadler G V. Corporate tournaments and executive compensation: Evidence from the UK [J].

Strategic Management Journal, 2001, 22 (8): 805-815.

[102] Core J. E., Guay W. R., Larcker D. F. Executive Equity Compensation and Incentives: A Survey[J]. Economic Policy Review, 2003, 4 (4): 27-50.

[103] Core J E, Guay W R. Stock option plan for non-executive employees [J]. Journal of Financial Economics, 2001 (61): 253-287.

[104] Core J E, Larcker D F. Performance consequences of mandatory increases in executive stock ownership [J]. Journal of Financial Economics, 2002, 64 (3): 317-340.

[105] Cosh A, Fu X, Hughes A. Management characteristics, managerial ownership and innovative efficiency in high-technology industry [R]. Oxford: SLPTMD Working Paper Series No. 007, 2007.

[106] Cowherd D M. Levine D L. Product quality and pay equity between lower-level employees and top management: An investigation of distributive justice theory [J]. Administrative Science Quarterly, 1992 (37): 302-320.

[107] Cronqvist et al. Do Entrenched Managers Pay Their Workers More? [J]. The Journal of Finance, 2009, 64 (8): 309-339.

[108] Cronqvist H, Heyman F, Nilsson M.Do entrenched managers pay their workers more [J]. Journal of Finance, 2009, 64 (1): 309-339.

[109] Cronqvist H, Nilsson M. Agency Costs of Controlling Minority Shareholders [J]. Journal of Financial and Quantitative Analysis, 2003, 38 (6): 695-719.

［110］ Crosby F. Relative deprivation in organizational settings ［J］. B.M. Staw & L L Cummings （Eds.）, Research in Organizational Behavior, 1984 （6）: 51-93.

［111］ Cui H, Mak Y T. The Relationship between Managerial Ownership and Firm Performance in High R&D Firms ［J］. Journal of Corporate Finance, 2002 （8）: 313-336.

［112］ Czarnitzki D, Fier A. Do R&D Subsidies Matter? — Evidence for the German Service Sector ［R］. CEER Mannheim Working Paper, 2001-05.

［113］ Czarnizki D, Kraft K. Management Control and Innovative Activity ［J］. Review of Industrial Organization, 2004 （24）: 1-24.

［114］ Dalton et al. Meta-analysis of ?nancial performance and equity: fusion or confusion? ［J］. Academy of Management Journal, 2003, 46 （10）: 13-26.

［115］ Dalziel T, Gentry R J, Bowerman M. An Integrated Agency—Resource Dependence View of the Influence of Directors' Human and Relational Capital on Firms' R&D Spending ［J］. Journal of Management Studies, 2011, 48 （7）: 1217-1242.

［116］ Datta DK, Guthrie JP. Executive Succession: Organizational Antecedents of CEO Characteristics ［J］. Strategic Management Journal, 1994, 15 （6）: 569-577.

［117］ David P, Hitt M A, Gimeno J. The Influence of Activism by Institutional Investors on R&D ［J］. Academy of Management Journal, 2001, 44 （1）: 144-157.

［118］ David P A, Hall B H, Toole A A. Is Public R&D a

Complement or Substitute for Private R&D? A Review of the Econometric Evidence [J]. Research Policy, 2000 (29): 497-529.

[119] Deallenbach U S, McCarthy A M, Schoenecher T S. Commitment to Innovation: The Impact of Top Management Team Characteristics [J]. R&D Management, 1999, 29 (2): 199-209.

[120] Demsetz H, Lehn K. The Structure of Corporate Ownership: Causes and Consequences [J]. Journal of Political Economy, 1985, 93 (5): 1155-1177.

[121] Desai M A, Dharmapala D. Corporate tax avoidance and high powered incentives [J]. Journal of Financial Economics, 2006, 79 (10): 145-179.

[122] Devers et al. Executive compensation: a multidisciplinary review and synthesis of recent developments [J]. Journal of Management, 2007, 33 (4): 1016-1072.

[123] Devers et al. Inside the black box: The contrasting effects of TMT long-term incentives on interest alignment [J]. K. M. Weaver (Ed.), Academy of management annual meeting proceedings. Atlanta, GA: Academy of Management. 2006.

[124] Di Vito J, Laurin C, Bozec Y. R&D activity in Canada: Does corporate ownership structure matter? [J]. Canadian Journal of Administrative Sciences, 2010, 27 (2): 107-121.

[125] Ding Y, Zhang H, Zhang J. Private versus state ownership and earnings management: Evidence from Chinese listed companies [J]. Corporate Governance: An International Review, 2007, 15 (11): 223-238.

[126] Dittmar A, Thakor A V. Why do firms issue equity?

[J]. Journal of Finance, 2006, 62（2）: 1-54.

[127] Dittmar A J, Mahrt S, Servaes H. International Corporate Governance and Corporate Cash Holdings [J]. Journal of Financial and Quantitative Analysis, 2003, 38（6）: 111-133.

[128] Doidge C, Andrew G K, Stulz R M. Why are foreign firms listed in the U.S. worth more? [J]. Journal of Financial Economics, 2004, 71（9）: 205-238.

[129] Doidge C. U.S. cross-listings and the private benefits of control: Evidence from dual-class firms [J]. Journal of Financial Economics, 2004, 72（12）: 519-553.

[130] Doidge et al. Private Benefits of Control, Ownership, and the Cross-listing Decision [J]. The Journal of Finance, 2009, 64（2）: 425-466.

[131] Du J, Dai Y. Ultimate corporate ownership structures and capital structures: Evidence from East Asian economies [J]. Corporate Governance: An International Review, 2005, 13（3）: 60-71.

[132] Ederer F, Manso G. Is pay for performance detrimental to innovation? [J]. Management Science, 2013, 59（7）: 1496-1513.

[133] Ensley M D, Pearson A W, Sardeshmukh SR. The negative consequences of pay dispersion in family and non-family top management teams: An exploratory analysis of new venture, high-growth firms[J]. Journal of Business Research, 2007（60）: 1039-1047.

[134] Eriksson T. Executive compensation and tournament theo-

ry: Empirical tests on Danish data [J]. Journal of Labor Economics, 1999, 17 (2): 262-280.

[135] Faccio M, Lang L H P, Young L. Dividends and Expropriation [J]. The American Economic Review, 2001, 91 (10): 54-78.

[136] Faccio M, Lang L H P. The ultimate ownership of Western European corporations [J]. Journal of Financial Economics, 2002, 65 (5): 365-395.

[137] Faccio M, Masulis R W. The choice of payment method in European mergers and acquisitions [J]. Journal of Finance, 2005, 60 (3): 1345-1388.

[138] Faccio M, Stolin D. Expropriation vs. proportional sharing in corporate acquisitions [J]. Journal of Business, 2006, 79 (3): 1413-1444.

[139] Fan J P H, Wong T J. Do External Auditors Perform a Corporate Governance Role in Emerging Markets? Evidence from East Asia [J]. Journal of Accounting Research, 2005, 43 (1): 35-72.

[140] Fenn G W, Liang N. Corporate payout policy and managerial stock incentives [J]. Journal of Financial Economics, 2001, 60 (1): 45-72.

[141] Fernando M B, Maria S B. The Impact of Family Involvement on the R&D Intensity of Publicly Traded Firms [J]. Famliy Business Review, 2011, 24 (1): 62-70.

[142] Ferst O, Kang S H. Corporate Governance, Expected Operating Performance, and Pricing [R]. Yale School of Manage-

ment, New Haven, Working Paper, 2000.

［143］ Firth M, Leung T Y, Rui OM. Justifying top man-agement pay in a transitional economy ［J］. Journal of Empirical Finance, 2010, 17 (9): 852-866.

［144］ Foss N J, Laursen K. Performance pay, delegation and multitasking under uncertainty and innovativeness: An empirical investigation ［J］. Journal of Economic Behavior & Organization, 2005, 58 (2): 246-276.

［145］ Francis F, Smith A. Agency Costs and Innovation Some Empirical Evidence ［J］. Journal of Accounting and Economics, 1995 (19): 383-409.

［146］ Francis J, Khurana I K, Pereira R. Disclosure Incentives and Effects on Cost of Capital around the World ［J］. Accounting Review, 2005, 80 (3): 1125-1162.

［147］ Fredrickson J M, Blake A D, Sander, WMG. Sharing the Wealth: Social Comparisons and Pay Dispersion in the CEO's Top Team［J］. Strategic Management Journal, 2010, 31 (4): 1031-1053.

［148］ Frick B, Prinz J, Winkelman K. Pay inequalities and team performance: Empirical evidence from the North American major leagues ［J］. International Journal of Manpower, 2003, 24 (4): 472-488.

［149］ Gadhoum Y, Lang L H P, Young L S F. Who Controls US?［J］. European Financial Management, 2005, 11 (3): 339-363.

［150］ Galende J, Suarez I. A Resource-based Analysis of the Factors Determining a Firm's R&D Activities ［J］. Research Policy,

1999 （28）：891-905.

[151] Gao L，Kling G. Corporate governance and tunnelling: Empirical evidence from China [J]. Pacific-Basin Finance Journal, 2008，16（5）：591-605.

[152] Gnyawali D R，Offstein E H，Lau R S. The Impact of the CEO Pay Gap on Firm Competitive Behavior [J]. Group & Organization Management，2008，33（3）：453.

[153] Goel A M，Thakor A V. Overconfidence，CEO selection，and corporate governance [J]. The Journal of Finance，2008，63（6）：2737-2784.

[154] Gompers P A，Ishii L，Andrew M. Extreme Governance：An Analysis of Dual-Class Companies in the United States [J]. The Review of Financial Studies，2010，23（3）：1051-1088.

[155] Grabowski H G，Vernon J M. The Determinants of Pharmaceutical Research and Development Expenditures [J]. Journal of Evolutionary Economics，2000（10）：201-215.

[156] Grabowski H G. The Determinants of Industrial Research and Development：a Study of the Chemical，Drug and Petroleum Industries [J]. Journal of Political Economy，1968（76）：292-306.

[157] Graves S B. Institutional Ownership and Corporate R&D in the Computer Industry [J]. Academy of Management Journal, 1988（31）：417-427.

[158] Green J R，Stokely N L. A comparison of tournaments and contracts [J]. Journal of Political Economy，1983（91）：349-364.

[159] Griffiths W，Webster E. The Determinants of Research

and Development and Intellectual Property Usage among Australian Companies, 1989 to 2002 [R]. Melbourne Institute Working Paper No.27/04, 2004-09.

[160] Grund C, Westergaard-Nielsen N. The Dispersion of Employees' Wage Increases and Firm Performance [J]. Industrial and Labor Relations Review, 2008, 61 (4): 485-501.

[161] Guay W R. The sensitivity of CEO wealth to equity risk: An analysis of the magnitude and determinants [J]. Journal of Financial Economics, 1999, 53 (1): 43-71.

[162] Guedhami O, Mishra D. Excess control, corporate governance and implied cost of equity: International evidence [J]. Financial Review, 2009, 44 (4): 489-524.

[163] Guellec D, Ioannidis E. Causes of Fluctuations in R&D Expenditures: A Quantitative Analysis [J]. OECD Economic Studies, 1997, 29 (2): 123-138.

[164] Guellec D, Van-Pottelsberghe B. Does Government Support Stimulate Private R&D? [J]. OECD Economic Studies, 1997, 29 (2): 95-122.

[165] Gugler K, Mueller D C, Yurtoglu BB. Corporate Governance and the Returns on Investment [J]. The Journal of Law and Economics, 2004, 47 (2): 589-633.

[166] Gugler, K. and B. B. Yurtoglu, Corporate Governance and Dividend Pay-out Policy in Germany [J]. European Economic Review, 2003, 47 (4): 731-758.

[167] Haid A, Yurtoglu B B. Ownership Structure and Executive Compensation in Germany [EB/OL]. (2006). http://ssrn.

com/abstract=948926.

[168] Hall B H. Investment and Research and Development at the Firm Level: Does the Source of Financing Matter? [R]. NBER Working Paper, No.4096, 1992-07.

[169] Hall B H, Van Reenen J. How Effective are Fiscal Incentives for R&D? A Review of the Evidence [J]. Research Policy, 2000 (29): 449-469.

[170] Hall BH. The Impact of Corporate Restructuring on Industrial Research and Development [R]. Brookings Papers on Economic Activity: Microeconomics, 1990: 85-124.

[171] Han K C, Suk D Y. The effect of ownership structure on firm performance: Additional evidence [J]. Review of Financial Economics, 1998, 7 (2): 143-155.

[172] Hansen G S, Hill C W L. Are Institutional Investors Myopic? A Time-series Study of Four Technology-driven Industries [J]. Strategic Management Journal, 1991 (12): 1-16.

[173] Harvey C R, Lins K V, Andrew HR. The effect of capital structurewhen expected agency costs are extreme [J]. Journal of Finance Economics, 2004, 74 (1): 3-30.

[174] Haw et al. Ultimate Ownership, Income Management, and Legal and Extra-Legal Institutions [J]. Journal of Accounting Research, 2004, 42 (3): 423-462.

[175] Helfat C E. Know-how and Asset Complementarity and Dynamic Capability Accumulation: The Case of R&D [J]. Strategic Management Journal, 1997, 18 (5): 339-360.

[176] Henderson A D, Fredrickson J W. Top Management

Team Coordination Needs and the CEO Pay Gap: A Competitive Test of Economic and Behavioral Views [J]. Academy of Man-agement Journal, 2001, 44 (1): 96–117.

[177] Hendrickson A D, Fredrickson J W. Top management team coordination needs and the CEO pay gap: A competitive test of economic and behavioral views [J]. Academy of Management Journal, 2001, 44 (1): 96–117.

[178] Hermalin B E, Weisbach M S. The Effects of Board Coposition and Direct Incentives on Firm Performance [J]. Financial Management, 1991, 20 (3): 101–112.

[179] Heyman F. Pay inequality and firm performance: evidence from matched employer-employee data [J]. Applied Economics, 2005, 37 (11): 1313–1327.

[180] Hibbs D, Locking H. Wage dispersion and productive efficiency: Evidence for Sweden [J]. Journal of Labor Economics, 2000, 12 (12): 775–782.

[181] Hill C W L, Hansen G S. Institutional Holdings and Corporate R&D Intensity in Research Intensive Industries [J]. A-cademy of Management Best Paper Proceedings, 1989: 17–21.

[182] Hill C W L, Snell S A. External Control, Corporate Strategy, and Firm Performance in Research-intensive Industries [J]. Strategic Management Journal, 1988, 19 (2): 577–590.

[183] Himmelberg C P, Hubbard R G, Palia D. Understanding the determinants of managerial ownership and the link between ownership and performance [J]. Journal of Financial Economics, 1999, 53 (12): 353–384.

[184] Himmelberg C P, Petersen B C. R&D and Internal Finance: A Panel Study of Small Firms in High Tech Industries [J]. Review of Economics and Statistics, 1994, 76: 38-51.

[185] Hitt et al. Are Acquisitions a Poison Pill for Innovation? [J]. Academy of Management Journal, 1991, 5 (4): 22-34.

[186] Hitt et al. The Effects of Acquisitions on R&D Input and Output [J]. Academy of Management Journal, 1991, 34 (3): 693-706.

[187] Hitt et al. The Market for Corporate Control and Firm Innovation [J]. Academy of Management Journal, 1996, 39 (5): 1084-1119.

[188] Holthausen R W, Larcker D F, Sloan R.G. Business unit innovation and the structure of executive compensation [J]. Journal of Accounting and Economics, 1995, 19 (4): 279-313.

[189] Hoskisson R E, Hitt M A, Johnson R A and Grossman W, Conflicting Voice: The Effect of Institutional Ownership Heterogeneity and Internal Governance on Corporate Innovation Strategies [J]. Academy of Management Journal, 2002, 45 (4): 697-716.

[190] Hoskisson R E, Hitt MA, Hill C W L. Managerial Incentives and Investment in R&D in Large Multiproduct Firms [J]. Organization Science, 1993, 4 (2): 325-341.

[191] Hoskisson R E, Hitt M A. Strategic Control Systems and Relative R&D Investment in Large Multiproduct Firms [J]. Strategic Management Journal, 1988 (9): 605-621.

[192] Hoskisson R E, Johnson R A. Corporate Restructuring and Strategic Change: The Effect on Diversification Strategy and

R&D Intensity [J]. Strategic Management Journal, 1992 (13): 625-634.

[193] Hoskisson R E, Johnson R A. Corporate Restructuring and Strategic Change: The Effect on Diversification Strategy and R&D Intensity [J]. Strategic Management Journal, 1992 (13): 625-634.

[194] Hosono K, Tomiyama M, Miyagawa T. Corporate Governance and Research and Development: Evidence from Japan [J]. Economics of Innovation and New Technologies, 2004 (13): 141-164.

[195] Hu B B. Ultimate Ownership and Analyst Following [D]. The Chinese University of Hong Kong, 2004.

[196] Hvide H K, Kristiansen E G. Risk taking in selection contests [J]. Games and Economic Behavior, 2003, 42 (1): 172-179.

[197] Hvide H K. Tournament rewards and risk taking [J]. Journal of Labor Economics, 2002, 20 (4): 877-898.

[198] Hyytinen A, Toivanen Otto. Do Financial Constraints Hold Back Innovation and Growth? Evidence on the Role of Public Policy [J]. Research Policy, 2005 (34): 1385-1403.

[199] Ito K, Pucik V. R&D Spending, Domestic Competition, and Export Performance of Japanese Manufacturing Firms [J]. Strategic Management Journal, 1993 (14): 61-75.

[200] Jaffe A B, Tragtenberg M, Henderson R. Geographic Location of Knowledge Spillovers, as Evidenced by Patent Citations [J]. Quarterly Journal of Economics, 1993, 108 (3): 577-598.

[201] Jaffe A B. Real Effect of Academic Research [J]. American Economic Review, 1989, 79 (5): 957–970.

[202] Jarrell G A, Lehn K, Marr W. Institutional Ownership, Tender Offers and Long–term Investment [R]. Working Paper, office of the Chief Economist, Securities and Exchange Commission, Washington, DC. 1985.

[203] Jensen and Murphy. Performance Pay and Top–Management Incentives [J]. Journal of Political Economy, 1990, 98 (21): 225–264.

[204] Jensen G R, Johnson J M. The Dynamics of Corporate Dividend Reductions [J]. Financial Management, 1995, 24 (4): 31–51.

[205] Jensen M, Meckling W. Theory of the Firm: Managerial Behavior, Agency Coats And Ownership Structure [J]. Journal of Financial Economics, 1976, 4 (8): 1121–1135.

[206] Jensen M C, Murphy K J, Wruck E G. Remuneration: Where We've Been, How We Got to Here, What are the Problems, and How to Fix Them [R/OL]. Harvard NOM Working Paper (2004). http: //ssrn.com/abstract=561305.

[207] Jewell R T, Molina D J. Productive efficiency and salary distribution: The case of Major League Baseball [J]. Scottish Journal of Political Economy, 2004, 51 (1): 127–142.

[208] Jia N, Tian X, Zhang W. The real effects of tournament incentives: The case of firm innovation [J]. Kelley School of Business Research Paper, 2016 (16–21).

[209] Jirjahn U, Kraf, K. Intra–firm Wage Dispersion and

Firm Performance—Is There a Uniform Relationship? ［J］. Kyklos, 2007, 60（2）: 231–253.

［210］ Jog V, Zhu P C, Dutta S. Impact of Restricted Voting Share Structure on Firm Value and Performance ［J］. Corporate Governance: An International Review, 2010, 18（5）: 415–437.

［211］ Joh S W. Corporate governance and firm profitability: Evidence from Korea before the economic crisis ［J］. Journal of Financial Economics, 2003, 68（7）: 287–322.

［212］ Johnson M S, Rao R P. The Impact of Antitakeover Amendments on Corporate Financial Performance ［J］. The Financial Review, 1997, 32（3）: 659–690.

［213］ Kalcheva I, Lins K. International Evidence on Cash Holdings and Expected Managerial Agency Problems ［J］. Review of Financial Studies, 2007, 17（4）: 1087–1112.

［214］ Kale J R, Reis E, Venkateswaran A. Rank Order Tournaments and Incentive Alignment: The Effect on Firm Performance ［J］. The Journal of Finance, 2009, 63（3）: 1479–1512.

［215］ Kato T, Long T, Tournaments and managerial incentives in China's listed firms: New evidence ［J］. China Economic Review, 2011（22）: 1–10.

［216］ Kato T, Long T. Tournaments and managerial incentives in China's listed firms: New evidence ［J］. China Economic Review, 2011, 22（2）: 1–10.

［217］ Kepes S, Delery J, Gupta N. Contingencies in the effects of pay range on organizational effectiveness ［J］. Personnel Psychology, 2009, 62（3）: 497–531.

[218] Khalil S, Magnan M L. Dual Class Shares Structures: Entrenchment or Alignment? Further Evidence from Firms Eliminating Dual–Class Shares [R]. Concordia University, Working Paper, 2009.

[219] King M R, Santor E. Family values: Ownership structure, performance and capital structure of Canadian firms [J]. Journal of Banking & Finance, 2008, 32 (2): 2423–2432.

[220] Kini O, Williams R. Tournament incentives, firm risk, and corporate policies [J]. Journal of Financial Economics, 2012, 103 (2): 350–376.

[221] Klette T J, Moen J, Griliches Z. Do Subsidies to Commercial R&D Reduce Market Failures? Microeconomic Evaluation Studies [J]. Research Policy, 2000 (29): 471–495.

[222] Kochhar P, David P. Institutional Investors and Firm Innovation: A Test of Competing Hypotheses [J]. Strategic Management Journal, 1996, 17 (1): 73–84.

[223] Kor Y Y. Direct and Interaction Effects of Top Management Team and Board Compositions on R&D Investment Strategy [J]. Strategic Management Journal, 2006 (27): 1081–1099.

[224] Kosnik R D. Effects of board demography and directors' incentives on corporate greenmail decisions [J]. Academy of Management Journal, 1990, 33 (6): 129–150.

[225] La Porta R, Lopez–de–Silanes F, Shleifer A. Corporate Ownership Around the World [J]. Journal of Finance, 1999, 54 (5): 471–517.

[226] Lach S. Do R&D Subsidies Stimulate or Displace Private

R&D？Evidence from Israel［R］. NBER Working Paper，No.7943，2000-10.

［227］Lallemand T，Plasman R，Rycx F. Intra-Firm Wage Dispersion and Firm Performance：Evidence from Linked Employer-Employee Data［J］. Kyklos，2004（57）：533-558.

［228］Lambert R A，Larcker DF，Weigelt K. The structure of organizational incentives［J］. Administrative Science Quarterly，1993（38）：438-461.

［229］Lang M H，Lins K V，Miller D P. Concentrated Control，Analyst Following，and Valuation：Do Analysts Matter Most When Investors Are Protected Least？［J］. Journal of Accounting Research，2004，42（1）：589-623.

［230］Laurin C，Bozec Y，Meier I. The Relation between Excess Control and Cost of Capital Under Different Law Regimes［EB/OL］.［2010］. http：//ssrn.com/abstract=1695735.

［231］Lazear E. The Job as a Concept，in Performance Measurement，Evaluation，and Incentives（Ed.）［C］. W. Burns，Harvard Business School Press，Boston. 1992.

［232］Lazear E P，Rosen S. Rank-order tournaments as optimum labor contracts［J］. Journal of Political Economy，1981（89）：841-864.

［233］Lazear E P，Rosen S. Rank-order tournaments asoptimum labor contracts［J］. Journal of Political Economy，1981（89）：841-864.

［234］Lee C L，Lin Y C，Chuang Y H. Performance Consequences of Pay Dispersion within Top Management Teams：The Impact of Firm Collaboration Needs [J]. International Journal of Accounting Studies, Special Issue, 2006: 121-149.

[235] Lee K W, Lev B, Yeo GHH. Executive Pay Dispersion, Corporate Governance and Firm Performance [J]. Review of Quantitative Finance and Accounting, 2008, 30 (3): 315-338.

[236] Lee P M. A Comparison of Ownership Structures and Innovations of US and Japanese Firms [J]. Managerial and Decision Economics, 2005, 26 (1): 39-50.

[237] Lemmon M L, Lins K V. Ownership Structure, Corporate Governance, and Firm Value: Evidence from the East Asian Financial Crisis[J]. Journal of Finance, 2003, 58(6): 1445-1468.

[238] Leonard JS. Executive pay and financial performance [J]. Industrial and labor relations Review, 1990, 43 (2): 135-295.

[239] Lerner J, Wulf J. Innnovation and incentives: Evidence from corporate R&D [J]. Review of Economics and Statistics, 2007 (89): 634-644.

[240] Leung, O. The Impact of Ultimate Ownership and Investor Protections on Dividend Policies [R]. The Chinese University of Hong Kong, Working Paper, 2004.

[241] Levin R C, Cohen W M, Mowery D C. R&D Appropriability, Opportunity and Market Structure: New Evidence on Some Schumpeterian Hypotheses [J]. American Economic Review, 1985 (75): 20-24.

[242] Li K, Ortiz-Molina H, Zhao X. Do Voting Rights Affect Institutional Investment Decisions? Evidence from Dual-Class

Firms [J]. Financial Management, 2008, 37 (1): 713-745.

[243] Lin C, Lin P, Song F M, et al. Managerial in-centives, CEO characteristics and corporate innovation in China's private sector [J]. Journal of Comparative Economics, 2011, 39 (2): 176-190.

[244] Lin C, Ma Y, Xuan Y H. Ownership Structure and Financial Constraints: Evidence from a Structural Estimation [J]. Journal of Financial Economics, 2011, 102 (1): 416-431.

[245] Lin C, Shen W, Su D W. Corporate Tournament and Executive Compensation in a Transition Economy: Evidence from Publicly Listed Firms in China [R]. Working Paper, 2009.

[246] Lin et al. Managerial Incentives, CEO characteristics and Corporate Innovation in China's Private Sector [J]. Journal of Comparative Economics, 2011, 39 (2): 176-190.

[247] Lin et al. Ownership structure and the cost of corporate borrowing [J]. Journal of Financial Economics, 2011, 100 (1): 1-23.

[248] Link A N, Seaks T G, Woodbery S R. Firm size and R&D Spending: Testing for functional form [J]. Southern Economic Journal, 1988 (54): 1027-1032.

[249] Lins KV. Equity Ownership and Firm Value in Emerging Markets [J]. Journal of Financial and Quantitative Analysis, 2003, 38 (4): 159-184.

[250] Liu Q, Lu Z. Corporate governance and earnings man-agement in Chinese listed companies: A tunnelling perspective [J]. Journal of Corporate Finance, 2007, 13 (1): 881-906.

［251］ Long M, Malitz I. Investment Patterns and Financial Leverage ［R］. B. M. Friedman (ed.), Corporate Capital Structure in the U.S., Chicago: University of Chicago Press, 1985: 325–351.

［252］ Lundstrum L L. Corporate Investment Myopia: A Horserace of the Theories ［J］. Journal of Corporate Finance, 2002, 8 (8): 353–371.

［253］ Mahich J C, Roediger–Schluga T. The Determinants of Pharmaceutical R&D Expenditures: Evidence from Japan ［J］. Review of Industrial Organization, 2006, 4 (28): 145–164.

［254］ Mahy B, Francois R, Mélanie V, Does Wage Dispersion Make All Firms Productive? ［J］. Scottish Journal of Political Economy, 2011, 58 (4): 455–489.

［255］ Main B G M, O'Reilly C A, Wade J. Top executive pay: Tournament or teamwork? ［J］. Journal of Labor Economics, 1993, 11 (4): 606–628.

［256］ Malcolmson J M. Work incentives, hierarchy, and internal labor markets ［J］. Journal of Political Economy, 1984, 92 (6): 486–507.

［257］ Mamuneas T P, Nadiri M I. Public R&D Policies and Cost Behavior of the US Manufacturing Industries ［J］. Journal of Public Economics, 1996–12, 63 (1): 57–81.

［258］ Manolopoulos D. What motivates R&D professionals? Evidence from decentralized laboratories in Greece ［J］. The International Journal of Human Resource Management, 2006, 17 (4): 616–647.

［259］ Mansfield E. Industrial Research and Development Ex–

penditures: Determinants, Prospects, and Relation of Size of Firm and Inventive Output [J]. Journal of Political Economy, 1964 (72): 319-340.

[260] Manso G. Motivating innovation [J]. The Journal of Finance, 2011, 66 (5): 1823-1860.

[261] Marin D. Structural Change through Exchange Rate Policy [J]. Review of World Economics, 1985, 121 (3): 471-491.

[262] Martin J. Relative deprivation: A theory of distributive injustice for an era of shrinking resources [J]. B.M. Staw & L.L. Cummings (Eds.), Research in Organizational Behavior, 1981, 3: 53-107.

[263] Martin J. The fairness of earnings differentials: An experimental study of the perceptions of blue-collar workers [J]. The Journal of Human Resources, 1982, X VII (1): 110-122.

[264] Martins P S. Dispersion in Wage Premiums and Firm Performance [J]. Economics Letters, 2008, 101 (1): 63-65.

[265] Masulis R W, Wang C, Xie F. Agency problems at dual-class companies [J]. Journal of Finance, 2009, 64 (5): 1697-1727.

[266] McConell J, Servaea H. Additional Evidence on Equity Ownership and Corporate Value [J]. Journal of Financial Economica, 1990, 27 (12): 595-612.

[267] McConnell J J, Servaes H. Equity ownership and the two face of debt [J]. Journal of Financial Economics, 1995, 39 (1): 131-157.

[268] Mehran H, Nogler G E, Schwartz K B. CEO incentive

plans and corporate liquidation policy [J]. Journal of Financial Economics, 1998, 50 (3): 319–349.

[269] Menezes-Filho NUD, Van Reenen J. The Determination of R&D: Empirical evidence on the role of unions [J]. European Economic Review, 1998, 42: 919–930.

[270] Meulbroek et al. Shark Repellents and Managerial Myopia: An Empirical Test [J]. The Journal of Political Economy, 1990, 98 (5): 1108–1117.

[271] Miguel A J, Pindado C T. Ownership Structure and Firm Value: New Evidence from the Spanish Corporate Governance System [R]. Working Paper, 2001.

[272] Morck R, Shleifer A, Vishny R. Management Ownership and Market Valuation [J]. Journal of Financial Economics, 1988, 20 (3): 293–315.

[273] Munari F, Oriani R, Sobreo M. The Effect of Owner Identity and Financial Markets Affect R&D Investments: An Analysis of Western European Firms [C]. Annual Meeting of the Academy of Management, 2005.08.

[274] Nagar V, Nanda D, Wysocki P. Discretionary disclosure and stock-based incentives [J]. Journal of Accounting & Economics, 2003, 34 (1-3): 283–309.

[275] Ødegaard, A B. Price differences between equity classes: Corporate control, foreign ownership or liquidity? [J]. Journal of Banking and Finance, 2007, 31 (2): 3621–3645.

[276] Orbay H, Yurtoglu B B. The impact of corporate governance structures on the corporate investment performance in Turkey

[J]. Corporate governance: An International Review, 2006, 14 (10): 349–363.

[277] Ortega-Argilés R, Moreno R, Suriñach C J. Ownership Structure and Innovation: Is there a Real Link? [J]. The Annals of Regional Science, 2005, 39 (4): 637–662.

[278] Pavitt K, Robson M, Townsend J. The Size Distribution of Innovating Firms in the UK: 1945–1983 [J]. Journal of Industrial Economics, 1987 (35): 297–316.

[279] Pfeffer J, Langton N. The effect of wage dispersion on satisfaction, productivity, and working collaboratively: Evidence from college and university faculty [J]. Administrative Science Quarterly, 1993, 38 (10): 382–407.

[280] Pinkowitz L, Stulz R, Williamson Y R. Do Firms in Country with Poor Protection of Investor Rights Hold More Cash? [J]. Journal of Finance, 2006, 27 (2): 2725–2751.

[281] Pugh W N, Jahera J J S, Oswald S. ESOPs, Takeover Protection, and Corporate Decision Making [J]. Journal of Economics and Finance, 1999, 23 (2): 170–183.

[282] Pugh W N, Page D E, Jahera JSJr. Antitakeover charter amendments: Effects on corporate decisions [J]. Journal of Financial Research, 1992 (15): 57–68.

[283] Rajgopal S, Suraj S. Pay dispersion in the executive suite [R]. University of Washington, Working Paper, 2006.

[284] Rajgopal Shivaram, Suraj Srinivasan. Pay dispersion in the executive suite [R]. Working paper, University of Washington. 2006.

［285］ Reese W A J, Weisbach M S. Protection of minority shareholder interests, cross-listings in the United States, and subsequent equity offerings[J]. Journal of Financial Economics, 2002, 66 （7）: 65-104.

［286］ Rosen S. Prizes and incentives in elimination tournaments [J]. American Economic Review, 1986, 76 （4）: 701-715.

［287］ Ryan H E, Wiggins R A. The interactions between R&D investment decisions and compensation policy ［J］. Financial Management, 2002, Spring: 5-29.

［288］ Sanders W G. Behavioral responses of CEOs to stock ownership and stock option pay ［J］. Academy of Management Journal, 2001, 44 （3）: 477-492.

［289］ Scherer F M, Huh K. R&D Reactions to High-Technology Import Competition ［J］. Review of Economics and Statistics, 1992 （74）: 202-212.

［290］ Scherer F M. Firm size, Market Structure, Opportunity and The Output of Patented Inventions ［J］. American Economic Review, 1965 （55）: 1097-1123.

［291］ Scherer F M. Market Structure and the Employment of Scientists and Engineers ［J］. American Economic Review, 1967 （57）: 524-531.

［292］ Scott J T. Firm versus Industry Variability in R&D Intensit ［M］. Zvi Griliches, ed., R&D, Patents, and Productivity, Chicago: University of Chicago Press, 1984: 233-248.

［293］ Seo J. Pay Equity in CEO Compensation and Agency Problems: Socil-psychological Agency Theory Framework ［D］. University of Wisconsin-Madison, 2007.

[294] Sharma, Z. Pay disparity and innovation: Evidence from firm level data [J]. International Journal of Banking, Accounting and Finance, 2011, 3 (4): 233-257.

[295] Shaw J D, Gupta N, Delery JE. Pay dispersion and workforce performance: Moderating effects of incentives and interdependence [J]. Strategic Management Journal, 2002, 23 (6): 491-512.

[296] Shefer D, Fenkel A. R&D. Firm Size and Innovation: An Empirical Analysis [J]. Technovation, 2005 (25): 25-32.

[297] Shefer D, Frenkel A. Local Milieu and Innovation: Some Empirical Results [J]. The Annals of Regional Science, 1998 (32): 185-200.

[298] Shen C H, Zhang H. CEO risk incentives and firm performance following R&D increases [J]. Journal of Banking & Finance, 2013, 37 (4): 1176-1194.

[299] Shleifer A, Vishny R. The limits of arbitrage [J]. Journal of Finance, 1997, 52 (4): 35-55.

[300] Short H, Keasey K. Managerial Ownership and the Performance of Firms: Evidence from the U. K. [J]. Journal of Corporate Finance, 1999, 5 (79): 101-123.

[301] Shyu Y W, Lee C I. Excess control rights and debt maturity structure in family-controlled firms [J]. Corporate Governance: An International Review, 2009, 17 (4): 611-628.

[302] Siegel P A, Hambrick D C. Pay disparities within top management groups: Evidence of harmful effects on performance of

high –technology firms ［J］. Organization Science, 2005, 16 （3）: 259–274.

［303］ Siegel P A, Hambrick D C. Pay disparities within top management groups: Evidence of harmful effects on performance of high –technology firms ［J］. Organization Science, 2005, 16 （3）: 259–274.

［304］ Smith V, Madsen E S, Dilling–Hansen M. Investment in R&D and Corporate Governance ［J］. Quarterly Journal of Economic Research, 2003, 70 （2）: 263–274.

［305］ Soete, L.L.G. Firm size and innovative activity: The evidence reconsidered ［J］. European Economic Review, 1979 （12）: 319–340.

［306］ Sørensen J B, Stuart T E. Aging, Obsolescence, and Organizational Innovation ［J］. Administrative Science Quarterly, 2000, 45 （1）: 81–112.

［307］ Staw B M. Organizational behavior: A review and reformulation of the field's outcome variables ［J］. In M.R. Rosenzweig & L.W. Porter （Eds.）, Annual Review of Psychology, 1984 （35）: 627–666.

［308］ Su L. Managerial compensation structure and firm performance in Chinese PLCs ［J］. Asian Business & Management, 2012, 11 （2）: 171–193.

［309］ Sulz R. Managerial Control of Voting Right; Financing Policies and the Market for Corporate Control ［J］. Journal of Financial Economica, 1988, 20 （4）: 25–54.

［310］ Symeonidis G. Price Competition, Non–price Competition and the Market Structure: Theory and Evidence from the UK [J]. Economica, 2000, 67 (267): 437-456.

[311] Thakor A V, Whited T M. Shareholder-Manager Disagreement and Corporate Investment [J]. Review of Finance, 2010, 15 (2): 277-300.

[312] Thomas A S, Litschert R J, Ramaswamy K. The Performance Impact of Strategy -manager Coalignment: An Empirical Examination [J]. Strategic Management Journal, 1991 (12): 509-522.

[313] Tinaikar S. Executive Compensation Disclosure and Private Control Benefits: A Comparison of U.S. And Canadian Dual Class Firms [EB/OL]. (2009). http: //ssrn.com/abstract=951547.

[314] Van den Steen E. Interpersonal authority in a theory of the firm [J]. American Economic Review, 2010, 100 (8): 466-490.

[315] Van den Steen E. Organizational beliefs and managerial vision [J]. Journal of Law, Economics, and Organization, 2005, 21 (3): 256-283.

[316] Van den Steen E. Rational overoptimism (and other biases) [J]. American Economic Review, 2004, 94 (4): 1141-1151.

[317] Veugelers R, Vanden Houte P. Domestic R&D in the Presence of Multinational Enterprises [J]. International Journal of Industrial Organization, 1990, 8 (1): 1-15.

[318] Villalonga B, Raphael A. How do family ownership control and management affect firm value? [J]. Journal of Financial Economics, 2006, 80 (1): 385-417.

[319] Volpin P F. Governance with Poor Investor Protection: Evidence from Top Executive Turnover in Italy [J]. Journal of Financial Economics, 2002, 64 (2): 61-90.

[320] Wahal S, McConnell J J. Do Institutional Investors Exacerbate Managerial Myopia? [J]. Journal of Corporate Finance, 2000, 6 (1): 307-329.

[321] Wang T, Zhao B, Thornhill S. Pay dispersion and organizational innovation: The mediation effects of employee participation and voluntary turnover [J]. Human Relations, 2015, 68 (7): 1155-1181.

[322] Weinstein D E, Yafeh Y. On the costs of the bank-centred financial system: Evidence from the changing main bank relations in Japan [J]. Journal of Finance, 1998, 53 (5): 635-672.

[323] Winter-Ebmer R, Zweimüller J. Intra-firm Wage Dispersion and Firm Performance [J]. Kyklos, 1999 (52): 555-572.

[324] Wong Y J, Chang S C, Chen LY. Does a Family-Controlled Firm Perform Better in Corporate Venturing? [J]. Corporate Governance: An International Review, 2010, 18 (3): 175-192.

[325] Wu J F, Tu R. CEO stock option pay and R& D spending: A behavioral agency explanation [J]. Journal of Business Research, 2007, 60 (5): 482-492.

[326] Wu S, Levitas E, Priem R L. CEO Tenure and Company Invention under Differing Levels of Technological Dynamism [J]. Academy of Management Journal, 2005, 48 (5): 859-873.

[327] Xue Y F. Make or Buy New Technology-a CEO Com-

pensation Contract's Role in a Firm's Route to Innovation ［R］.
MIT Sloan School of Management，Working Paper 4436-03，2003-
08.

［328］ Yafeh Y，Yosha O. Large shareholders and banks：Who
monitors and how？［J］. The Economic Journal，2003，113（1）：
128-146.

［329］ Yanadori Y，Marler J H. Strategic compensation：Does
business strategy influence compensation in high-technology firms？
［J］. Strategic Management Journal，2006（27）：559-570.

［330］ Yeh Y H. Do controlling shareholders enhance corporate
value？［J］. Corporate Governance：An International Review，2005，
13（6）：313-325.

［331］ Zahra S A，Neubaum D O，Huse M. Entrepreneurship
in Medium-size Companies：Exploring the Effects of Ownership and
Governance System ［J］. Journal of Management，2000，26（5）：
947-976.

［332］ Zahra S A. Governance，Ownership，and Corporate
Entrepreneurship：The Moderating Impact of Industry Technological
Opportunities［J］. Academy of Management Journal，1996，39（10）：
1713-1735.

［333］ Zahra S A. Governance，Ownership，and Corporate
Entrepreneurship：The Moderating Impact of Industry Technological
Opportunities ［J］. Academy of Management Journal，1996（39）：
1713-1735.

［334］ Zietz J，Fayissa B. R&D Expenditures and Import Com-
petition：Some Evidence for the US ［J］. Review of World Eco-

nomics，1992，128（1）：52-66.

［335］ Zimmermann K F. Trade and Dynamic Efficiency ［J］. Kyklos，1987，40（1）：73-87.

［336］ 安灵，刘星，白艺昕. 股权制衡、终极所有权性质与上市企业非效率投资 ［J］. 管理工程学报，2008，22（2）：122-129.

［337］ 安同良，施浩，Alcorta L. 中国制造业企业 R&D 行为模式的观测与实证 ［J］. 经济研究，2006（2）：21-30.

［338］ 蔡建春，李汉铃. 中国上市公司治理的演进、现状及其改善 ［J］. 经济研究，2002（9）：148-149.

［339］ 蔡珍红，冉戎. 控制权私利、增长期权与非效率投资行为 ［J］. 系统工程理论与实践，2011，31（1）：55-63.

［340］ 曹廷求，杨秀丽，孙宇光. 股权结构与公司绩效：度量方法和内生性 ［J］. 经济研究，2007，42（10）：126-137.

［341］ 曹裕，陈晓红，万光羽. 控制权、现金流权与公司价值——基于企业生命周期的视角 ［J］. 中国管理科学，2010，18（3）：185-192.

［342］ 柴俊武，万迪昉. 企业规模与 R&D 投入强度关系的实证分析 ［J］. 科学学研究，2003，21（1）：58-62.

［343］ 常风林，周慧，岳希明. 国有企业高管"限薪令"有效性研究 ［J］. 经济学动态，2017（3）：40-51.

［344］ 陈冬华，陈信元，万华林. 国有企业中的薪酬管制与在职消费 ［J］. 经济研究，2005（2）：92-101.

［345］ 陈冬华. 地方政府、公司治理与补贴收入——来自我国证券市场的经验证据 ［J］. 财经研究，2003，29（9）：15-21.

［346］ 陈工孟. 现代企业代理问题和国有企业改革 ［J］. 经

济研究，1997（10）：43-45.

[347] 陈健，席酉民，贾隽.上市公司控制权制衡与关联并购的关系研究［J］.管理评论，2009，21（5）：3-12.

[348] 陈健，席酉民.上市公司集团归属、控制权集中度与关联并购的关系［J］.系统工程，2008，26（1）：8-14.

[349] 陈湘永，张剑文，张伟文.我国上市公司"内部控制人"研究［J］.管理世界，2002（4）：103-109.

[350] 陈信元，陈冬华，万华林，梁上坤.地区差异、薪酬管制与高管腐败［J］.管理世界，2009（11）：130-143，188.

[351] 陈仲常，余翔.企业研发投入的外部环境影响因素研究——基于产业层面的面板数据分析［J］.科研管理，2007，28（2）：78-84.

[352] 谌新民，刘善敏.上市公司经营者报酬结构性差异的实证研究［J］.经济研究，2003，34（8）：134-154.

[353] 程华，赵祥.企业规模、研发强度、资助强度与政府科技资助的绩效关系研究——基于浙江民营科技企业的实证研究［J］.科研管理，2008，29（2）：37-43.

[354] 程华，赵祥.政府科技资助对企业R&D产出的影响——基于我国大中型工业企业的实证研究［J］.科学学研究，2008，20（3）：519-525.

[355] 党兴华，王雷.剩余控制权、剩余索取权配置结构与国有上市公司绩效关系实证研究——基于超额控制与非超额控制视角的分析［J］.预测，2009，28（4）：34-42.

[356] 邓建平，曾勇，李金诺.最终控制、权力制衡和公司价值研究［J］.管理工程学报，2006，20（3）：26-32.

[357] 邓建平，曾勇.上市公司家族控制与股利决策研究

［J］. 管理世界，2005（7）：110-119.

［358］ 邓淑芳，陈晓，姚正春. 终极所有权、层级结构与信息泄露——来自控制权转让市场的经验证据［J］. 管理世界，2007（3）：122-129.

［359］ 豆中强，刘星，刘理. 控制权私利下的企业资本配置决策研究［J］. 中国管理科学，2010，18（5）：152-158.

［360］ 方芳，李实. 中国企业高管薪酬差距研究［J］. 中国社会科学，2015（8）：47-67.

［361］ 方军雄. 我国上市公司高管的薪酬存在粘性吗？［J］. 经济研究，2009，3（3）：110-124.

［362］ 冯根福，温军. 中国上市公司治理与企业技术创新关系的实证分析［J］. 中国工业经济，2008，7（7）：91-101.

［363］ 高明华. 中国企业经营者行为内部制衡与经营绩效的相关性分析［J］. 南开管理评论，2001，5（5）：33-41.

［364］ 谷祺，邓德强，路倩. 现金流权与控制权分离下的公司价值［J］. 会计研究，2006，11（4）：30-36.

［365］ 顾斌，周立烨. 我国上市公司股权激励实施效果的研究［J］. 会计研究，2007，2（2）：23-35.

［366］ 郭梦岚，李明辉. 公司治理、控制权性质与审计定价［J］. 管理科学，2009，22（6）：71-83.

［367］ 韩亮亮，李凯，宋力. 高管持股与企业价值——基于利益趋同效应和壕沟防守效应的经验研究［J］. 南开管理评论，2006，9（4）：35-41.

［368］ 韩亮亮，李凯. 控制权、现金流权与资本结构——一项基于我国民营上市公司面板数据的实证分析［J］. 会计研究，2008，3（3）：66-73.

[369] 韩志丽，杨淑娥，史浩江. 民营金字塔结构下控制性少数股东隧道效应研究——来自我国上市公司的经验证据 [J]. 系统工程理论与实践，2007，20（6）：1-6.

[370] 韩忠雪，朱荣林，王宁. 超额控制、董事会构成与公司多元化 [J]. 南开管理评论，2007，10（1）：16-20.

[371] 何俊. 上市公司治理结构的实证分析 [J]. 经济研究，1998，5（5）：51-58.

[372] 胡秀群. 地区市场化进程下的高管与员工薪酬差距激励效应研究 [J]. 管理学报，2016，13（7）：980-988.

[373] 黄桂田，张悦. 企业改革 30 年：管理层激励效应——基于上市公司的样本分析[J]. 金融研究，2008，12（12）：101-112.

[374] 解维敏，唐清泉，陆姗姗. 政府 R&D 资助，企业 R&D 支出与自主创新 [J]. 金融研究，2009（6）：86-99.

[375] 金玲娣，陈国宏. 企业规模与 R&D 关系实证研究 [J]. 科研管理，2001，22（1）：51-57.

[376] 雷光勇，刘慧龙. 市场化进程、最终控制人性质与现金股利行为 [J]. 管理世界，2007（7）：120-128.

[377] 黎来芳，王化成，张伟华. 控制权、资金占用与掏空——来自中国上市公司的经验证据 [J]. 中国软科学，2008（8）：121-127.

[378] 李斌，孙月静. 经营者股权激励、约束条件与公司业绩——基于民营上市公司的实证分析[J]. 中国软科学，2009，8（8）：119-131.

[379] 李春涛，宋敏. 中国制造业企业的创新活动：所有制和 CEO 激励的作用 [J]. 经济研究，2010（5）：55-67.

［380］李凯，邹怿.金字塔控制、管理层持股与公司全要素生产率——来自中国制造业国有上市公司的经验证据［J］.预测，2010，29（2）：13-20.

［381］李维安，李汉军.股权结构、高管持股与公司绩效——来自民营上市公司的证据［J］.南开管理评论，2006，9（5）：4-10.

［382］李维安，钱先航.终极控股股东的两权分离、所有制与经理层治理［J］.金融研究，2010，12（12）：80-98.

［383］李新春等.内部人所有权与企业价值——对中国民营上市公司的研究［J］.经济研究，2008，11（11）：27-39.

［384］李学伟，马忠.金字塔结构下多个控制性大股东的制衡效应［J］.中国软科学，2007，7（7）：62-70.

［385］李燕萍，孙红，张银.高管报酬激励、战略并购重组与公司绩效——来自中国 A 股上市公司的实证［J］.管理世界，2008，12（12）：177-179.

［386］梁琪，郝项超.最终控制人所有权和控制权对企业财务失败预警的影响——配对方法与嵌套模型的应用［J］.金融研究，2009，25（1）：107-121.

［387］廖理，廖冠民，沈红波.经营风险、晋升激励与公司绩效［J］.中国工业经济，2009（8）：119-130.

［388］林浚清，黄祖辉，孙永祥.高管团队内薪酬差距、公司绩效和治理结构［J］.经济研究，2003（4）：31-40，92.

［389］林浚清，黄祖辉，孙永祥.高管团队内薪酬差距、企业业绩和治理结构［J］.经济研究，2003，32（4）：31-40.

［390］刘春，孙亮.薪酬差距与企业绩效：来自国企上市公司的经验证据［J］.南开管理评论，2010，13（2）：30-39.

［391］刘芍佳，孙霈，刘乃全. 终极产权论、股权结构及公司绩效 ［J］. 经济研究，2003，38（4）：51-62.

［392］刘鑫，薛有志. CEO 接班人遴选机制与 CEO 变更后公司风险承担研究——基于 CEO 接班人年龄的视角 ［J］. 管理评论，2016，28（5）：137-149.

［393］刘星，刘理，豆中强. 控股股东现金流权、控制权与企业资本配置决策研究 ［J］. 中国管理科学，2010，18（6）：147-154.

［394］刘星，徐光伟. 政府管制、管理层权力与国企高管薪酬刚性 ［J］. 经济科学，2012（1）：86-102.

［395］刘子君，刘智强，廖建桥. 上市公司高管团队薪酬差距影响因素与影响效应：基于本土特色的实证研究 ［J］. 管理评论，2011，23（9）：119-127，136.

［396］鲁海帆. 高管团队内薪酬差距，风险与公司业绩——基于锦标赛理论的实证研究 ［J］. 经济管理，2011，33（12）：93-99.

［397］罗琦，胡志强. 控股股东道德风险与公司现金策略 ［J］. 经济研究，2011，43（2）：125-137.

［398］马磊，徐向艺. 两权分离度与公司治理绩效实证研究 ［J］. 中国工业经济，2010，12（1）：108-116.

［399］缪毅，胡奕明. 产权性质、薪酬差距与晋升激励 ［J］. 南开管理评论，2014（4）：4-12.

［400］牛建波，李胜男. 控股股东两权偏离、董事会行为与企业价值：基于中国民营上市公司面板数据［J］. 南开管理评论，2007，2（2）：15-26.

［401］青木昌彦. 对内部控制的控制：转轨经济中公司治理

的若干问题［J］. 改革，1994（6）：11-24.

［402］冉戎，郝颖. 终极控制、利益一致性与公司价值［J］. 管理科学学报，2011，14（7）：83-94.

［403］任海云. 股权结构与企业 R&D 投入关系的实证研究——基于 A 股制造业上市公司的数据分析［J］. 中国软科学，2010（5）：126-135.

［404］沈艺峰，况学文，聂亚娟. 终极控股股东超额控制与现金持有量价值的实证研究［J］. 南开管理评论，2008，11（1）：15-23.

［405］石水平. 控制权转移、超额控制权与大股东利益侵占——来自上市公司高管变更的经验证据［J］. 金融研究，2010，23（4）：160-176.

［406］宋玉. 最终控制人性质、两权分离度与机构投资者持股——兼论不同类型机构投资者的差异［J］. 南开管理评论，2009，12（5）：55-64.

［407］苏坤，杨淑娥. 现金流权、控制权与资本结构决策——来自我国民营上市公司的证据［J］. 预测，2009，28（6）：18-23.

［408］孙健. 终极控制权与资本结构的选择——来自沪市的经验证据［J］. 管理科学，2008，21（2）：18-25.

［409］孙永祥. 上市公司的股权结构与绩效［J］. 经济研究，1999，12（24）：24-31.

［410］涂瑞，肖作平. 终极所有权结构与债务期限结构选择［J］. 管理科学，2010，23（6）：35-41.

［411］汪平，张孜瑶. 股权资本成本、市场化进程与高管—员工薪酬差距——来自中国上市公司的经验证据［J］. 外国经济

与管理，2014，36（7）：14-23.

[412] 王华，黄之骏.经营者股权激励、董事会组成与企业价值 [J].管理世界，2006，9（9）：101-116.

[413] 王雷，党兴华，杨敏利.两权分离度、剩余控制权、剩余索取权与公司绩效——基于两类国有上市公司的实证研究 [J].管理评论，2010，22（9）：24-35.

[414] 王鹏，周黎安.控股股东的控制权、所有权与公司绩效：基于中国上市公司的证据 [J].金融研究，2006，23（2）：88-98.

[415] 王烨.关于股权激励效应的争论及其检验[J].经济学动态，2009，8（9）：107-111.

[416] 魏刚.高级管理层激励与上市公司经营绩效 [J].经济研究，2000，31（3）：112-121.

[417] 吴联生，林景艺，王亚平.薪酬外部公平性、股权性质与公司业绩 [J].管理世界，2010，21（3）：117-126.

[418] 吴淑琨.股权结构与公司绩效的 U 型关系研究 [J].中国工业经济 ，2002，1（1）：15-23.

[419] 夏纪军，张晏.控制权与激励的冲突——兼对股权激励有效性的实证分析 [J].经济研究，2008，51（3）：87-98.

[420] 肖作平.所有权和控制权的分离度、政府干预与资本结构选择——来自中国上市公司的实证证据[J].南开管理评论，2010，13（5）：144-152.

[421] 辛清泉，谭伟强.市场化改革、企业业绩与国有企业经理薪酬 [J].经济研究，2009，11（23）：68-81.

[422] 徐宁，徐向艺.上市公司股权激励效应研究脉络梳理与不同视角比较 [J].外国经济与管理，2010，32（7）：57-65.

［423］徐玉德，张昉.国企高管薪酬管制效率分析——一个基于信息租金的分析框架［J］.会计研究，2018（5）：44-51.

［424］许永斌，郑金芳.中国民营上市公司家族控制权特征与公司绩效实证研究［J］.会计研究，2007，11（11）：50-57.

［425］鄢伟波，邓晓兰.国有企业高管薪酬管制效应研究——对高管四类反应的实证检验［J］.经济管理，2018，40（7）：56-71.

［426］杨青，王亚男，唐跃军."限薪令"的政策效果：基于竞争与垄断性央企市场反应的评估［J］.金融研究，2018（1）：156-173.

［427］杨瑞龙，王元，聂辉华."准官员"的晋升机制：来自中国央企的证据［J］.管理世界，2013（3）：23-33.

［428］杨淑娥，孙坤.终极控制、自由现金流权约束与公司绩效——基于我国民营上市公司的经验证据［J］.会计研究，2009，4（4）：78-86.

［429］叶勇，胡培，何伟.上市公司终极控制权、股权结构及公司绩效［J］.管理科学，2005，18（2）：58-64.

［430］叶勇，胡培，黄登仕.中国上市公司终极控制权及其与东亚、西欧上市公司的比较分析［J］.南开管理评论，2005，8（3）：25-31.

［431］叶勇，黄雷.基于法系差异的终极控制权、现金流量权比较研究［J］.管理科学，2007，20（5）：31-39.

［432］叶勇，黄雷.终极控制股东、控制权溢价和公司治理研究［J］.管理科学，2004，17（5）：9-14.

［433］叶勇，刘波，黄雷.终极控制权、现金流量权与企业价值——基于隐性终极控制论的中国上市公司治理实证研究

[J]. 管理科学学报，2007，10（2）：66-79.

[434] 叶勇等. 控制权与现金流量权偏离下的公司价值与公司治理 [J]. 管理工程学报，2007，21（1）：71-76.

[435] 游春. 股权激励、董事会、TMT 团队与经营绩效——基于中国上市公司的实证分析 [J]. 管理评论，2010，22（9）：3-13.

[436] 余明桂，夏新平. 控股股东、代理问题和关联交易：对中国上市公司的实证研究 [J]. 南开管理评论，2004，7（6）：33-38.

[437] 俞红海，徐龙炳，陈百助. 终极控股股东控制权与自由现金流过度投资 [J]. 经济研究，2010，46（8）：103-114.

[438] 曾昭灶，李善明. 控制权转移中的盈余质量实证研究 [J]. 管理评论，2009，21（7）：105-112.

[439] 张栋. 终极控股股东、负债融资与企业非效率投资 [J]. 中国管理科学，2009，17（6）：177-185.

[440] 张华，张俊喜，宋敏. 所有权与控制权分离对企业价值的影响——我国民营上市企业的实证研究 [J]. 经济学（季刊），2004，39（3）：1-14.

[441] 张化尧，史小坤. 大中型企业 R&D 投入影响因素和技术现状分析 [J]. 科研管理，30（2）：33-39.

[442] 张杰，刘志彪，郑江淮. 中国制造业企业创新活动的关键影响因素研究——基于江苏省制造业企业问卷的分析 [J]. 管理世界，2007（6）：64-74.

[443] 张霖琳，刘峰，蔡贵龙. 监管独立性、市场化进程与国企高管晋升机制的执行效果——基于 2003~2012 年国企高管职位变更的数据 [J]. 管理世界，2015（10）：117-131，187-

188.

［444］张曙光. 90 年代的中国改革和宏观经济［J］. 经济研究，1996（6）：21-30.

［445］张兴亮，夏成才. 非 CEO 高管患寡还是患不均［J］. 中国工业经济，2016（9）：144-160.

［446］张耀伟. 终极控制股东两权偏离、替代效应与公司价值［J］. 管理工程学报，2011，25（3）：85-90.

［447］张耀伟. 终极控制股东两权偏离与企业绩效：公司治理的中介作用［J］. 管理科学，2009，22（3）：9-16.

［448］张正堂，陶学禹. 国外企业经营者报酬理论研究的新进展［J］. 管理科学学报，2002，5（6）：84-90.

［449］张正堂. 高层管理团队协作需要、薪酬差距和企业绩效：竞赛理论的视角［J］. 南开管理评论，2007，2（2）：4-11.

［450］张正堂. 企业内部薪酬差距对组织未来绩效影响的实证研究［J］. 会计研究，2008，9（9）：81-87.

［451］赵昌文，庄道军. 中国上市公司的有效控制权及实证研究［J］. 管理世界，2004，17（11）：126-135.

［452］甄红线，史永东. 终极所有权结构研究［J］. 中国工业经济，2008，11（1）：108-118.

［453］周方召，刘文革. 股权激励效应研究新进展［J］. 经济学动态，2008，11（3）：112-115.

［454］周建波，孙菊生. 经营者股权激励的治理效应研究——来自中国上市公司的经验证据［J］. 经济研究，2003，5（5）：74-93.

［455］周铭山，张倩倩. "面子工程" 还是 "真才实干"？——基于政治晋升激励下的国有企业创新研究［J］. 管理世界，

2016（12）：116-132，187-188.

　　［456］朱平芳，徐伟民. 政府的科技激励政策对大中型工业企业 R&D 投入及其专利产生的影响——上海市的实证研究 ［J］. 经济研究，2003（6）：45-53.

　　［457］邹帏，李凯，艾宝俊. 终极控制权、现金流权与公司全要素生产率 ［J］. 管理科学，2009，22（5）：2-12.

后　序

本书是我过去从事国家自然科学基金和博士后工作的共同研究成果。该书起步于 2013 年，先后经历了悟题、思考、浏览文献、收集数据、探索性研究等多个过程，其思考成果于 2014 年获批中国博士后基金："高管晋升激励、风险偏好与企业创新"（2014M552472），并于 2015 年获批国家自然科学基金："基于风险行为视角的高管晋升激励对企业研发投入的影响"（71472151）。其间，部分研究成果经历过投稿和退修之后，顺利发表；也有一些研究成果经历多次投稿、拒稿，再修再投再败。虽然越战越败，但我越败越战。历经坎坷，到现在仍有部分成果无法顺利发表，幸而能将这部分研究成果结集出版。一方面，履行上述研究项目中的研究承诺——出版相关研究专著；另一方面，也是对自己曾经的努力和付出的总结，以便日后查阅和浏览。总的来说，经历了上述的科研历练和艰辛，现在的研究内容与最初的计划已经大相径庭，而自己科研的状态和心境也已大不相同。"道阻且长"是自己对今后科研之路的重新认识；行则将至是对自己今后科研之路的重新定位和鼓励。

过往的六年中，除了科研以外，生活的维度也丰富许多。日子很难再像以往那样闲淡安宁，更多的是饮食男女的烟火之气。对待生活和工作有了更多的新认识和新感悟，这中间最重要的一点就是需要平衡工作和生活，特别是要关注生活、关注健康。人到中年，年近不惑，生活和工作的双重压力更需要自己保持清醒、保持睿智。唯此，才能兴家和兴业。